한 번 옮겨 쓰는 것이 열 번 읽는 효과와 같다

한국
고전문학 편

문해력이
성장하는
참 쉬운
따라쓰기

머리말

고전을 읽는 이유

안녕하세요, 여러분.

우리 친구들이 부모님께 가장 자주 듣는 말은 무엇인가요?

아마 "책 좀 읽어!"라는 말일 것입니다.

그리고 "글씨 좀 예쁘게 써!"라는 말도 자주 들어 봤을 것입니다.

그렇죠?

많은 친구들이 책을 읽는 것보다 스마트폰 게임을 하며, 유튜브 영상을 보는 것을 좋아합니다. 그게 훨씬 더 재미있고, 신나니까요.

하지만 어릴 때 책을 읽어야 똑똑해지고, 지혜로워질 수 있습니다.

특히 고전(古典 : 오랫동안 많은 사람에게 널리 읽히고 모범이 될 만한 문학이나 예술 작품)을 자주 읽어야 합니다. 오랜 시간에 걸쳐 사랑을 받는 데는 다 그만한 이유가 있을 테니까요.

책 소개

이 책에는 우리나라의 서른네 가지 고전 문학 작품을 수록하였습니다. 여러분이 읽어 봤던 작품도 있고, 처음 읽어 보는 작품도 있을 것입니다. 여기에 수록된 서른네 가지의 문학 작품은 우리 친구들의 수준을 고려하여 선정한 것입니다.

왼쪽 면에 있는 문학 작품의 내용을 먼저 꼼꼼하게 읽고, 오른쪽 면에서 정성껏 따라 쓰면 됩니다. 이 책에는 각 이야기마다 내용의 일부분이 실려 있거나 내용을 간추려 수록하였답니다. 우리 친구들은 따라 쓰기를 모두 끝낸 뒤, 책을 구입하거나 도서관에서 책을 빌려 이야기 전체를 다 읽어 보기 바랍니다.

각 작품마다 선생님이 생각하거나 여러분에게 이야기하고 싶은 것을 정리해 놓은 '생각 다지기'를 넣었습니다.
선생님의 생각이 정답은 아닙니다. 여러분이 각자 문학 작품의 내용을 읽어 보고, 따라 쓰면서 본인만의 생각을 가다듬어 보기 바랍니다. 따라 쓰기를 끝냈으면 어떤 점을 느꼈고, 무슨 생각을 했는지 정리해 보는 것도 좋습니다.

아마 이 책에 나와 있는 서른네 가지의 이야기들을 모두 읽고, 또박또박 따라 쓰다 보면 처음보다 발전한 나를 만날 수 있을 것입니다. 한 번 도전해 보세요!
여러분 모두 고전과 조금 더 친해지고, 책 읽는 것을 좋아하는 어린이가 되기를 진심으로 응원합니다.

– 해피이선생

# 왜 필사를 하는가?

필사(筆寫)는 '베껴 쓰기' 또는 '따라 쓰기'라는 뜻입니다. 필사의 한자를 살펴보면, 붓 필(筆), 베낄 사(寫)로 '글을 베끼어 씀'이라는 의미를 나타냅니다. 요즘 필사하기가 유행입니다. 어린이뿐 아니라 성인들도 필사하기를 많이 실천합니다. 왜 그럴까요?
필사는 독서와 명상을 한꺼번에 할 수 있는 유익한 활동이기 때문입니다.

필사를 하면 좋은 점이 아주 많은데, 크게 네 가지의 장점을 소개하겠습니다.

첫째, 글쓰기 능력이 향상됩니다. 글을 잘 쓰려면 많이 써 봐야 합니다. 좋은 글을 따라 쓰다 보면 어떻게 글을 써야 하는지 자연스럽게 익힐 수 있습니다.

둘째, 집중력이 높아집니다. 글을 틀리지 않게 따라 쓰려면 집중해서 써야 합니다. 한 글자 한 글자 쓰다 보면 스트레스가 풀리고 집중력도 향상됩니다.

셋째, 창의력과 상상력이 증진됩니다. 다양한 고전을 따라 쓰며 '왜 이런 결과가 나왔을까?', '만약 나라면 어떻게 행동했을까?' 하고 생각하게 됩니다.

넷째, 글씨체가 교정됩니다. 요즘 글을 쓸 일이 별로 없고, 대부분 눈으로 공부합니다. 학교에서도 마찬가지입니다. 실제로 연필을 잡고 글을 꾸준히 쓰다 보면, 글씨 연습이 되므로 글씨체가 예뻐집니다.

옛날 중국 송나라의 '이방'이라는 사람이 편찬한 백과사전 《태평어람(太平御覽)》을 보면, '일사당십독(一寫當十讀)'이라는 말이 나옵니다. '한 번 옮겨 쓰는 것은 열 번 읽는 효과와 같다.'라는 뜻입니다. 그만큼 필사는 옛날부터 유익한 활동이라고 여겼습니다.

우리 친구들이 이 책을 잘 활용하여 다양한 고전을 읽고, 그 내용을 따라 쓰다 보면 분명 여러 부분에서 많은 도움을 받을 것입니다.

한 장, 한 장 꾸준히 따라 썼으니 이 도끼를 다 주겠노라!

책의 구성과 특징, 활용 방안

1. 이야기를 읽은 후, 따라 쓸 문장을 파악해 보세요.
한국 문학 작품을 또박또박 읽어 보세요. 이야기를 읽고 난 뒤에는 따라 쓸 문장을 파악해 보세요. 여러분이 따라 쓸 문장은 색깔과 크기를 구분하여 표시해 놓았습니다. 첫 번째 작품인 "검정소와 누렁소"에서 원고지와 밑줄에 쓰인 문장을 참고하여 각 작품마다 따라 쓰기를 해 보세요.

2. 꾸준히 따라 써 보세요.
따라 쓰기를 할 때마다 날짜를 적어 보세요. 하루도 빠짐없이 꾸준히 따라 쓰다 보면, 이야기를 이해하는 힘을 기를 수 있으며, 꾸준히 글씨 연습을 할 수 있어 글씨가 예뻐진답니다.

3. 단어, 속담, 관용구의 뜻풀이를 살펴보세요.
이야기에 등장하는 단어나 속담, 관용구를 잘 모를 때에는 뜻풀이를 먼저 보기보다는 문장에서 어떠한 뜻을 나타내는지 한 번 생각해 보세요. 이러한 과정을 통해 글을 읽고 이해하는 능력인 '문해력'을 기를 수 있답니다.

5. 따라 쓰는 곳에 문장을 또박또박 써 보세요.

따라 쓰기는 두 가지 종류로 되어 있는데, 첫 번째는 원고지이고, 두 번째는 밑줄입니다. 원고지와 밑줄에 이야기를 따라 쓸 때는 맞춤법과 띄어쓰기에 주의하며 적도록 합니다. 글자 크기가 들쭉날쭉하지 않고 일정한 크기로 적을 수 있도록 해 보세요.

4. '생각 다지기'를 읽고, 한 번 생각해 보세요.

'생각 다지기'를 읽어 보면서 자신의 생각을 정리하고, 선생님의 질문에 답을 하는 시간을 가져 보세요.

6. 이야기를 읽고 난 뒤 느낀 점을 써 보세요.

이야기를 읽고 나서 깨달은 점이나 자신의 생각을 자유롭게 써 보세요. 이 책에는 나와 있지 않은, 이야기의 다른 부분을 추측해 보면서 적어 보는 것도 재미있을 거예요. 이 과정을 통해 여러분의 상상력과 창의력을 키울 수 있습니다.

차 례

머리말	04
왜 필사를 하는가?	06
이 책의 구성과 특징, 활용 방안	08
검정소와 누렁소	12
견우와 직녀	16
금덩이보다 소중한 것	20
금도끼 은도끼	24
나그네와 호랑이	28
나무 그늘을 산 총각	32
며느리 방귀는 복 방귀	36
바보 온달과 평강 공주	40
방귀쟁이 시합	44
빨강 부채, 파랑 부채	48
세종대왕	52
소가 된 게으름뱅이	56
소금을 만드는 맷돌	60
심청전	64
어린 원님	68

오성과 한음	72
은혜 갚은 까치	76
은혜 갚은 호랑이	80
의좋은 형제	84
이순신	88
임금님 귀는 당나귀 귀	92
자린고비	96
재주 많은 오 형제	100
최 부자의 며느리 뽑기	104
춘향전	108
콩쥐 팥쥐	112
토끼의 간	116
팥죽 할머니와 호랑이	120
한석봉	124
해와 달이 된 오누이	128
호랑이와 곶감	132
혹부리 영감	136
홍길동전	140
흥부와 놀부	144

검정소와 누렁소

세종대왕이 나라를 다스릴 때 우의정, 좌의정, 영의정부사를 합해 총 24년간 정승의 자리에 앉았던 황희가 젊은 시절에 겪은 일입니다.

어느 날, 말을 타고 길을 가던 황희는 땀이 나서 길가에 있는 나무 그늘에서 잠시 쉬고 있었습니다.

황희는 이마에서 흐르는 땀을 닦으며, 늙은 농부가 소 두 마리에게 쟁기를 걸어 밭을 갈고 있는 것을 보았습니다. 소 두 마리는 각각 검정소와 누렁소였습니다.

이 모습을 가만히 바라보던 황희는 문득 궁금해서 큰 목소리로 늙은 농부에게 말을 걸었습니다. "노인장, 소 두 마리가 모두 크고 튼튼해 보입니다. 검정소와 누렁소 모두 힘이 세고 일을 잘합니까?"

늙은 농부는 "두 마리 모두 일도 잘하고 힘도 세지요." 하고 답해 주었습니다.

이번에는 황희가 늙은 농부에게 "그러면 검정소와 누렁소 가운데 밭갈이를 할 때 힘이 더 세고 일을 잘하는 쪽이 어느 소입니까?" 하고 물었습니다. 하지만, 늙은 농부는 아무런 대답을 하지 않았습니다.

검정소와 누렁소 중에 어떤 소가 일을 더 잘합니까?

바른 자세로 써 보아요.

	세	종	대	왕	이		나	라	를		다	스	릴
때		우	의	정	,		좌	의	정	,		영	의	정	부	사
를		합	해		총		24	년	간		정	승	의
자	리	에		앉	았	던		황	희	가		젊	은
시	절	에		겪	은		일	입	니	다	.

 감정을 실어서 써 보아요.

　황희는 이마에서 흐르는 땀을 닦으며, 늙은 농부가 소 두 마리에게 쟁기를 걸어 밭을 갈고 있는 것을 보았습니다. 소 두 마리는 각각 검정소와 누렁소였습니다.

 동화 속 주인공이 되어 써 보아요.

　이번에는 황희가 늙은 농부에게 "그러면 검정소와 누렁소 가운데 밭갈이를 할 때 힘이 더 세고 일을 잘하는 쪽이 어느 소입니까?" 하고 물었습니다. 하지만, 늙은 농부는 아무런 대답을 하지 않았습니다.

---

*영의정부사: 세조 임금 때 영의정으로 이름이 바뀜　　*노인장: '노인'을 높여 이르는 말

당황한 황희는 다시 한번 늙은 농부에게, "이보시오, 노인장! 내 말이 안 들리시오? 검정소와 누렁소 가운데 어느 소가 더 힘이 세고 일을 잘하느냐 말이오?" 하고 크게 외쳤습니다.

밭을 갈던 늙은 농부는 일을 잠시 멈추고 황희에게 달려와, 귓속말로 조심스럽게 말하였습니다. "검정소가 힘이 세지만, 누렁소는 꾀를 부리지 않고 일을 잘하지요."

굳이 귓속말로 대답하는 늙은 농부가 우스워서, 황희는 "한낱 짐승의 이야기가 뭐라고 귓속말로 대답을 하시는 겁니까?" 하고 물었습니다.

그러자 늙은 농부가 황희에게, "아무리 말을 못하는 짐승이라도 자기가 다른 짐승보다 모자란다고 하면 서운하고 기분이 안 좋은 법이지요. 또한, 앞에서 혼내는 것보다 뒤에서 흉을 보는 게 더욱 기분이 좋지 않고요. 누렁소보다 일을 못한다는 이야기를 검정소가 혹시라도 듣게 된다면 기분이 몹시 나쁘겠지요." 하고 대답했습니다.

생각지도 못한 늙은 농부의 말에 황희는 부끄러웠습니다.

황희는 짐승의 마음까지 생각하는 농부의 됨됨이에 큰 깨달음을 얻었습니다. 황희는 그날부터 남을 헐뜯는 말이나 남의 단점을 함부로 <u>입 밖에 내지</u> 않으려고 애썼습니다.

생각 다지기

사람은 누구나 부족한 점, 단점을 가지고 있습니다. 세상 어떤 사람도 단점이 없는 사람은 없습니다. 남의 단점을 공개적으로 이야기하면 그 말을 들은 사람의 기분은 어떨까요? 당연히 기분이 좋지 않고, 마음도 상할 것입니다.

우리 주위를 보면 남의 잘못을 자주 이야기하는 사람이 있습니다. 내가 남을 존중해야 남도 나를 존중하여 줍니다. 앞으로는 남의 잘못을 함부로 말하지 말고, 다른 사람의 단점보다는 장점을 주로 보며 칭찬하고 격려하는 친구들이 되었으면 좋겠습니다.

실제로 이 이야기에 나오는 황희 정승은 조선 세종대왕 때 똑똑하고 지혜로우며, 나랏일을 잘하고, 다른 사람들을 배려한 정치가로 유명합니다. 황희 정승은 이때 크게 깨닫고 이후에는 항상 말을 조심했다고 합니다.

이야기를 상상하며 써 보아요.

　굳이 귓속말로 대답하는 늙은 농부가 우스워서, 황희는 "한낱 짐승의 이야기가 뭐라고 귓속말로 대답을 하시는 겁니까?" 하고 물었습니다.

 이것만 쓰고 잠깐 쉬어요.

　황희는 짐승의 마음까지 생각하는 농부의 됨됨이에 큰 깨달음을 얻었습니다. 황희는 그날부터 남을 헐뜯는 말이나 남의 단점을 함부로 입 밖에 내지 않으려고 애썼습니다.

＊**입 밖에 내다**: 어떤 생각이나 사실을 말로 드러내다.

견우와 직녀

옛날 아주 먼 옛날, 하늘을 다스리는 옥황상제에게 베를 짜는 직녀라는 딸이 있었습니다. 직녀는 아침에 일찍 일어나 베틀 앞에 앉아 밤늦게까지 비단을 짰습니다. 온종일 짠 비단으로 만든 선녀들의 옷은 아름답기 그지없었습니다.

옥황상제는 혼인하지 않고, 하루 종일 일만 하는 직녀가 안쓰러워 직녀에게 어울리는 배필을 마련해 주기로 마음먹었습니다.

하늘 저편에는 소를 열심히 잘 모는 견우가 있었습니다. 옥황상제는 견우와 직녀가 천생연분이라고 여겨 두 사람을 맺어 주었습니다.

혼인을 한 견우와 직녀는 서로를 무척 사랑하여 사이가 매우 좋았습니다.

어렸을 때부터 소를 모는 것을 좋아했던 견우는 더 이상 소를 몰러 들판에 나가지 않았습니다. 이른 아침부터 밤늦게까지 베틀에 앉아 옷감을 짜고 옷을 만들던 직녀도 더 이상 베를 짜지 않았습니다.

견우와 직녀는 지금까지 열심히 해 왔던 일을 내팽개치고 온종일 놀러 다녔습니다.

이 소식을 전해 듣고 몹시 화가 난 옥황상제는 견우와 직녀를 불러들였습니다.

견우 님, 보고 싶어요! 올해도 서방님을 못 만나는군요.

직녀 님, 내년에 꼭 봅시다! 그동안 잘 지내시오.

바른 자세로 써 보아요.

감정을 실어서 써 보아요.

동화 속 주인공이 되어 써 보아요.

*옥황상제: 하늘을 다스리는 신으로, 하늘에서 가장 높은 위치에 있는 신   *배필: 부부로서의 짝   *천생연분: 하늘이 정해 준 인연

옥황상제가 견우와 직녀에게 물었습니다. "너희는 그동안 각자 맡은 일을 내팽개치고 놀기만 했더냐?" 그간 놀기만 한 견우와 직녀는 할 말이 없었습니다. 그러자 옥황상제는 "너희는 맡은 일을 게을리한 대가로, 이제부터 서로 떨어져 견우는 은하수의 동쪽에서 소를 몰고, 직녀는 은하수의 서쪽에서 베를 짜도록 하여라!" 하고 벌을 내렸습니다.

견우와 직녀가 눈물을 흘리며 용서를 빌자, 옥황상제는 일 년에 단 하루 칠월 칠석에 견우와 직녀가 서로 만나도록 허락해 주었습니다.

그날부터 헤어진 견우와 직녀는 칠월 칠석을 그리며 살았습니다. 다음 해 칠월 칠석이 되었습니다. 견우와 직녀는 한달음에 은하수로 달려갔지만, 은하수가 넓고 깊은 데다 나룻배조차 없어 두 사람은 눈물을 흘리며 멀리서 바라볼 뿐이었습니다.

견우와 직녀가 흘린 눈물은 많은 비가 되어 세상에 내려 땅에서는 큰 홍수가 났습니다. 이 상황을 안타깝게 여긴 많은 동물들이 모여 견우와 직녀가 은하수에서 만날 수 있는 방법을 궁리하였습니다. 까마귀와 까치는 좋은 생각이 났습니다.

이듬해 칠월 칠석이 되자, 까마귀와 까치는 모두 은하수에 모여 서로 머리를 맞대어 다리를 만들었습니다. 견우와 직녀는 까마귀와 까치가 만든 오작교 덕분에 은하수를 건너 드디어 서로 만나게 되었습니다.

견우와 직녀는 눈물을 흘리며 기뻐했습니다.

생각 다지기

"견우와 직녀"는 소를 치는 견우와 베를 짜 옷을 짓는 직녀가 은하수를 사이에 두고 서로 만나지 못하다가 칠월 칠석에만 까마귀와 까치가 놓아 준 오작교 위에서 만난다는 이야기입니다. 칠석날에 내리는 비를 칠석비 또는 칠석물이라고 불렀고, 칠석물은 칠석날 견우와 직녀가 흘리는 눈물이라는 전설이 있습니다. 옛날 우리나라에서는 칠석날에 비가 오면 가을에 풍년이 든다고 여겼습니다. 또한, 병을 쫓는다고 생각하여 빗물을 마시거나 빗물로 몸을 씻기도 했습니다. 칠석날이 지나면 까치와 까마귀의 머리가 벗어지는데, 견우와 직녀가 밟고 지나갔기 때문이라고 생각했답니다.

정말 그럴까요? 칠석을 전후해 비가 많이 내리는 이유는 이때가 장마철이라 그런 것이며, 까치와 까마귀는 이맘때 털갈이를 해서 그렇다고 합니다. 여러분은 어떻게 생각하나요?

이야기를 상상하며 써 보아요.

이것만 쓰고 잠깐 쉬어요.

*칠월 칠석(날): 음력 7월 7일

금덩이보다 소중한 것

옛날 옛적, 한 젊은이가 집이 매우 가난하여 사흘에 한 끼 입에 풀칠하기도 어려웠습니다. 젊은이는 돈을 벌려고 어느 부잣집에 들어가 몇 년간 열심히 머슴살이를 하였습니다.

일을 마치는 날, 부잣집 대감은 젊은이에게 고생이 많았다며 그동안 일한 품삯으로 금덩이를 주었습니다. "대감마님, 정말 고맙습니다."

금덩이를 봇짐에 챙긴 젊은이는 고향에 가서 가족들을 만날 기쁨에 마음이 매우 들떴습니다. 한참을 걷다 깜깜한 밤이 되자, 젊은이는 주막에 들어가 하룻밤을 묵었습니다.

다음 날 아침, 젊은이는 아침도 먹지 않고 서둘러 짐을 싸서 주막에서 나왔습니다. 젊은이가 발걸음을 재촉하며 길을 나서려는데, 뒤에서 젊은이를 다급히 부르는 소리가 들렸습니다.

주막 주인이 숨을 가쁘게 내쉬며 달려와 젊은이를 불러 세우고는 보자기에 싸인 금덩이를 건네주었습니다. "품삯으로 받은 것 같은데, 잘 챙기게나." 젊은이는 주막 주인에게 거듭 감사의 인사를 했습니다.

그런 뒤 젊은이는 금덩이를 봇짐 깊숙한 데에 넣고 걸음을 서둘렀습니다.

물에 빠진 아이를 구한 사람에게 이 금덩이를 주겠소.

내 아들이 물에 빠졌다니!

바른 자세로 써 보아요.

감정을 실어서 써 보아요.

동화 속 주인공이 되어 써 보아요.

*사흘에 한 끼 입에 풀칠하기도 어렵다: 늘 굶고 살 정도로 살림이 매우 가난하다. *봇짐: 등에 지기 위하여 물건을 보자기에 싸서 꾸린 짐

젊은이가 길을 가고 있는데, 강가에 사람들이 많이 모여 있었습니다. 젊은이는 무슨 일이 일어났는지 궁금하여 강가로 가 보았습니다. 아이가 강물에 빠져 발버둥을 치고 있고, 사람들은 발을 동동 구르고 있었습니다. 하지만 아이를 구하려고 강에 뛰어드는 사람은 없었습니다.

젊은이가 봇짐에서 금덩이를 꺼내 사람들에게 외쳤습니다. "물에 빠진 저 가엾은 아이를 구해 주는 사람에게 이 금덩이를 드리리다!"

그러자 한 사람이 강물에 뛰어들어 아이를 구해 냈습니다. 젊은이는 자신이 말한 대로 그에게 금덩이를 주었습니다.

마침 그때, 물에 빠진 아이의 아버지가 달려와 젊은이의 두 손을 꼭 붙잡고 눈물을 글썽이며 거듭거듭 고맙다고 인사했습니다. 젊은이가 아이의 아버지 얼굴을 자세히 살펴보니, 그는 바로 주막 주인이었습니다.

젊은이가 주막 주인에게 말했습니다. "금덩이가 아무리 귀중한들 사람 목숨보다 값지겠습니까? 저는 아까 주막에서 서둘러 나왔을 때, 이미 금덩이를 잃어버렸습니다. 제게 없는 금덩이로 아이를 구했으니 저는 좋은 일을 한 셈입니다. 당신은 제게 금덩이를 정직하게 돌려주었기 때문에 보답을 받은 것입니다."

생각 다지기

누구에게나 금덩이는 소중합니다. 지금도 금은 비쌉니다. 예전에도 금은 값비싼 물건인데, 나와 관련이 없는 물에 빠진 아이를 구하기 위해 금덩이를 아낌없이 내준 젊은이의 이야기는 정말 대단하고 놀라울 뿐입니다.
과연 우리 친구들이라면 똑같은 상황에서 어떻게 행동했을까요? 그리고 금덩이보다 소중한 것은 무엇일까요?
만약 주막 주인이 금덩어리에 욕심을 내어 청년에게 돌려주지 않았다면 청년은 물에 빠진 아이를 구할 수 없었을 것입니다. 또한 주막 주인은 본인의 소중한 아이를 잃었을 수도 있습니다.
이처럼 착한 일을 실천하면 그것이 좋은 일로 나에게 돌아온다는 깊은 뜻을 가지고 있는 이야기입니다.
항상 착한 일을 실천하는 우리 친구들이 되었으면 좋겠습니다.

이야기를 상상하며 써 보아요.

이것만 쓰고 잠깐 쉬어요.

느낀 점

금도끼 은도끼

아득히 먼 옛날, 어느 마을에 착한 나무꾼이 홀어머니를 봉양하며 살았습니다. 오늘도 착한 나무꾼은 나무를 하러 산에 갔습니다.

착한 나무꾼이 도끼질을 하려는데, 손에서 그만 도끼가 미끄러져 연못에 빠지고 말았습니다. 착한 나무꾼은 하나밖에 없는 도끼를 잃어버려서 엉엉 울음을 터뜨렸습니다.

그때 연못에서 산신령이 나타났습니다. 산신령이 착한 나무꾼에게 왜 그리 슬피 우는지 물어보자, 착한 나무꾼은 도끼를 연못에 빠뜨렸다고 말했습니다.

산신령이 연못에 들어갔다가 나왔습니다. 산신령은 착한 나무꾼에게 금도끼를 내밀며, "이 금도끼가 네 도끼냐?" 하고 물어보았습니다. 착한 나무꾼은 자신의 도끼가 아니라고 말했습니다.

산신령이 은도끼를 내밀며 "이 은도끼가 네 도끼냐?" 하고 물어보자, 착한 나무꾼은 자신의 도끼가 아니라고 대답했습니다.

마지막으로 산신령이 낡은 쇠도끼를 내밀며 "이 쇠도끼가 네 도끼냐?" 하고 물어보자, 착한 나무꾼은 기쁜 얼굴로, "제 도끼가 맞사옵니다." 하고 대답했습니다.

| | 월 | 일 |

바른 자세로 써 보아요.

감정을 실어서 써 보아요.

동화 속 주인공이 되어 써 보아요.

***봉양**: 부모나 조부모와 같은 웃어른을 받들어 모심

산신령은 착한 나무꾼이 정직하게 말한 것을 칭찬하며 금도끼와 은도끼를 선물로 주었습니다. 이 일은 온 마을에 널리 퍼졌습니다.

마을 사람들은 착한 나무꾼이 정직하여 복을 받은 것이라고 말했습니다.

옆집에 사는 욕심쟁이 나무꾼은 착한 나무꾼의 소문을 듣고 몹시 배가 아팠습니다. 욕심쟁이 나무꾼은 집에 있는 쇠도끼를 챙겨 산신령이 나타난다는 연못으로 갔습니다.

욕심쟁이 나무꾼은 연못에 도끼를 던진 뒤, 슬피 우는 척을 하였습니다. 그러자 산신령이 나타나 욕심쟁이 나무꾼에게 왜 우는지 물어보았습니다. 욕심쟁이 나무꾼은 나무를 베다가 연못에 도끼를 잃어버려 울고 있었다고 말했습니다.

산신령이 연못에 들어갔다가 나와 욕심쟁이 나무꾼에게 금도끼를 보여 주며, "이 금도끼가 네 도끼냐?" 하고 물어보았습니다. 욕심쟁이 나무꾼은 냉큼 그 금도끼가 자신의 도끼라고 말했습니다.

그러자 산신령은 "내가 누구인 줄 알고, 네놈이 내 앞에서 거짓말을 하는 게냐?" 하고, 버럭 화를 내었습니다. 깜짝 놀란 욕심쟁이 나무꾼은 꽁무니를 빼고 순식간에 도망쳤습니다.

생각 다지기

"정직한 나무꾼"이라는 제목으로도 알려진 이 이야기는 정직했기 때문에 산신령에게 금도끼와 은도끼를 상으로 받은 나무꾼을 다루었습니다. 《이솝 이야기》에는 전령의 신인 헤르메스가 정직한 나무꾼을 도와주는 내용을 담고 있는 것으로 알려져 있으며, 1900년대 초에 우리나라에 들어오면서 헤르메스 신이 산신령으로 바뀌어 소개되었습니다.

이 이야기는 정직한 사람은 복을 받고, 정직하지 못한 사람은 화를 당한다는 교훈을 갖고 있습니다. 만약 우리 친구들이 나무꾼이라면 산신령에게 정직하게 이야기할 수 있었을까요? 아마 쉽지 않을 것입니다. '정직'이란, 마음에 거짓이나 꾸밈이 없이 바르고 곧음을 뜻합니다. 이 이야기가 전 세계적으로 사랑받는 이유는 그만큼 정직이 어느 시대에나 귀하고, 지키기 어렵기 때문일 것입니다. 항상 정직한 사람이 되기 위해 노력하는 친구들이 되기를 바랍니다.

이야기를 상상하며 써 보아요.

 이것만 쓰고 잠깐 쉬어요.

*꽁무니: 동물의 등마루를 이루는 뼈의 끝이 되는 부분이나 곤충의 배 끝부분

나그네와 호랑이

아득히 먼 옛날, 어느 깊은 산골에 사람을 해치는 호랑이가 있었습니다. 마을 사람들은 한데 모여 호랑이를 잡을 방법을 논의했습니다.

그래서 호랑이가 다니는 길마다 호랑이가 빠질 만한 함정을 만들기로 했습니다.

그러던 어느 날, 호랑이는 길을 지나가다가 사람들이 파 놓은 함정에 빠져 버렸습니다. 호랑이가 구덩이에서 빠져나오려고 발버둥을 쳤으나 소용이 없었습니다.

그때 나그네 한 사람이 그 근처를 지나가다가 호랑이가 구덩이에 빠져 구슬피 울고 있는 것을 발견했습니다.

호랑이는 나그네에게, "날 좀 살려 주시오. 나를 이 함정에서 구해 주면, 평생 은혜를 갚겠습니다."라고 말하며 애처롭게 빌었습니다. 나그네는 호랑이를 가엾이 여겨 구해 주었습니다.

나그네가 막상 호랑이를 구해 주자마자, 호랑이는 시뻘건 입과 무시무시한 이빨을 나그네에게 들이대며 으르렁댔습니다.

나그네는 호랑이에게, "네가 좀 전에 너를 구해 주면 나에게 평생 은혜를 갚겠다고 하지 않았느냐? 그런데 어찌하여 나를 잡아먹으려고 하느냐?" 하고 따졌습니다.

바른 자세로 써 보아요.

감정을 실어서 써 보아요.

동화 속 주인공이 되어 써 보아요.

호랑이는 나그네에게, "난 너와 같은 사람 때문에 함정에 빠진 거다. 너는 내가 은혜를 갚겠다니까 나를 살려 준 것이지. 안 그러냐?" 하고 말했습니다.

나그네는 호랑이와 자신의 말 가운데 누구의 말이 옳은지 다른 이에게 재판을 받아 보자고 말했습니다. 황소와 소나무는 사람이 싫어 호랑이의 편을 들었습니다.

호랑이가 나그네에게 달려들려는데, 토끼가 깡충깡충 뛰어가고 있었습니다. 나그네는 토끼에게 재판을 봐 달라고 부탁했습니다.

토끼는 이야기를 다 듣고 나서 호랑이에게 처음에 벌어진 일부터 조사하고 싶다고 말했습니다. 호랑이가 함정을 보여 주었습니다.

토끼는 한참 함정을 들여다보다가 고개를 갸웃대며 호랑이에게 이 구덩이에 빠진 게 맞느냐고 물었습니다. 호랑이는 토끼가 자신을 거짓말쟁이로 생각한다고 여겨 함정 속으로 스스로 뛰어들었습니다.

토끼는 나그네에게, "호랑이를 풀어 주니 이런 일이 생겼잖아요. 재판은 끝났어요!" 하고 말하고 풀밭으로 달아났습니다. 나그네도 호랑이의 울음소리를 들으면서 가던 길을 마저 갔습니다.

생각 다지기

호랑이는 나그네의 도움으로 목숨을 구합니다. 하지만, 호랑이는 은혜를 저버리고 나그네를 잡아먹으려고 합니다. 이러한 배은망덕(背恩忘德, 남에게 입은 은덕을 잊고 남을 배반함)한 행동은 호랑이 자신에게 불행을 가져오는 인과응보(因果應報, 좋은 일에는 좋은 결과가, 나쁜 일에는 나쁜 결과가 따름)의 결말로 진행됩니다. 토끼는 호랑이와 나그네 가운데 누가 억울한 상황에 처했는지 제대로 파악하여, 지혜를 발휘해 나그네를 위기에서 벗어나도록 도와줍니다.

여러분이 토끼 대신 재판관이 된다면, 어떤 판결을 내릴 건가요? 글을 읽으면서 살펴본 호랑이와 토끼의 성격은 어떤 것 같습니까?

학교에서는 "나그네와 호랑이" 이야기로 연극 활동을 합니다. 우리 친구들이 연극에 참여한다면 어떤 인물을 맡고 싶은가요? 그리고 그 이유가 무엇인지 생각해 보면 재미있을 것입니다.

이야기를 상상하며 써 보아요.

이것만 쓰고 잠깐 쉬어요.

나무 그늘을 산 총각

옛날 옛적 어느 마을에 욕심이 지나치게 많은 부자 영감이 고래 등같이 으리으리한 기와집에서 살고 있었습니다.

부자 영감의 기와집 담벼락 바깥에는 수백 년간 살고 있는 느티나무 한 그루가 우뚝 서 있었습니다. 느티나무는 세월이 지날수록 사방으로 가지를 시원스레 뻗어 넓은 둘레로 드넓은 그늘을 만들어 주었습니다. 여름이 되면 부자 영감은 느티나무의 그늘에 평상을 놓고 낮잠을 늘어지게 자곤 했습니다.

어느 더운 여름날, 햇볕이 쨍쨍 내리쬐는 한낮에 총각 하나가 땀을 식히려고 느티나무 그늘로 들어왔습니다. 그늘 아래 평상에는 한 노인이 자고 있었습니다. 평상에 앉아 더위를 식히던 총각은 어느덧 평상에 등을 대고 누워 잠이 들었습니다.

갑작스러운 호통 소리에 총각은 놀라 눈을 떴습니다.

평상에서 자던 노인이 총각에게 호통을 친 것이었습니다. "어디서 감히 네놈이 남의 나무 그늘에서 잠을 자느냐? 이 나무는 내 고조부께서 심으신 나무이니 내 나무요, 나무 그늘 또한 내 것이니라."

부자 영감이 내뱉는 말에 총각은 어이가 없었습니다.

바른 자세로 써 보아요.

감정을 실어서 써 보아요.

동화 속 주인공이 되어 써 보아요.

*고조부: 할아버지의 할아버지를 이르는 말로, 고조할아버지라고도 한다.

그 순간 총각의 머리에는 기막힌 생각이 번뜩였습니다.

총각이 "영감님, 내가 저 나무 그늘을 살게요." 하고 말하자, 부자 영감은 총각에게 열 냥을 받고 나무 그늘을 팔았습니다.

부자 영감은 총각을 멍청이라고 생각하며, 열 냥이 거저 생겼다고 좋아했습니다.

시간이 흘러 해가 서쪽으로 기울자 느티나무의 그림자가 길어져 부잣집 안마당에도 드리웠습니다. 총각은 거침없이 부잣집 대문을 열고 들어가 안마당에 누웠습니다.

부자 영감이 눈을 부릅뜨고 고래고래 소리를 질렀습니다. "감히 여기가 어디라고 이 집에 들어와 여기 있느냐?" 총각이 말했습니다. "제가 돈을 주고 느티나무 그늘을 샀으니, 나무 그늘에서 쉬는 것은 제 마음이지요." 부자 영감은 할 말이 없었습니다. 자기도 느티나무의 그늘이 제 것이라고 우겨 댔기 때문입니다.

그늘은 안마당을 넘어 마루로, 사랑채로, 안방으로 점점 길어졌고, 총각은 제 집처럼 누워 있다가 밤이 되자 자기 집으로 돌아갔습니다. 해가 뜨면 매일 이 일이 반복되었고, 총각은 이제 마을 사람들도 데려왔습니다.

하루도 마음 편한 날이 없던 부잣집 영감은 결국, 짐을 꾸려 이 집을 떠났습니다. 그 후, 총각은 느티나무 그늘에서 마을 사람들과 함께 더위를 식히며 시간을 보냈습니다.

생각 다지기

"사람의 욕심은 끝이 없다."라는 말이 있습니다. 욕심쟁이 영감은 이미 부자라서 돈이 많은데도 끊임없이 욕심을 냅니다. 총각이 나무 그늘을 사겠다고 하자, 욕심쟁이 영감은 돈을 벌 생각에 나무의 그늘까지 팝니다. 그러다가 너무 욕심을 부린 탓에 마을을 떠나게 됩니다.

나무의 그늘은 욕심쟁이 영감의 것만이 아닙니다. 자연이 만들어 낸 것이라 그늘을 한자리에 계속 묶어 둘 수 없습니다. 그러니 다른 사람에게 판매해서도 안 되는 것입니다.

이 이야기에는 욕심쟁이 영감을 혼내 주는 총각의 지혜와 꾀가 잘 나타나 있습니다. 총각은 욕심쟁이 영감과는 다르게, 본인이 혼자 그늘을 차지하지 않고 마을 사람들과 함께 이용합니다. 특히 욕심쟁이 영감이 짐을 꾸려 마을을 떠난 뒤, 총각은 나무 그늘을 마을 사람들과 나누어 씁니다. 왜냐하면 그늘을 혼자 차지할 때보다 다른 사람들과 나누어 쓸 때 기쁨이 더 크고 즐겁다는 것을 잘 알고 있기 때문입니다.

이야기를 상상하며 써 보아요.

이것만 쓰고 잠깐 쉬어요.

*사랑채: 사랑(바깥주인이 거처하며 손님을 접대하는 곳)으로 쓰는 집채(집의 한 덩이)

며느리 방귀는 복 방귀

옛날에 어느 도령과 혼인하여 시아버지와 시어머니를 모시고 사는 며느리가 있었습니다.

혼인 전에 며느리는 방귀가 나올 때면 참지 않고 뽕뽕 뀌었지만, 혼인 후에는 마음 놓고 방귀를 뀔 수 없어 몹시 힘들어했습니다.

결국 곱디고운 며느리의 얼굴이 누렇게 떴습니다. 날마다 며느리의 얼굴을 보며 시아버지, 시어머니, 남편은 걱정이 가득했습니다.

하루는 시아버지와 시어머니가 며느리를 불렀습니다. 시아버지가 며느리를 살살 달래며 아픈 데가 있는지 여러 번 묻자, 그제야 며느리는 방귀를 뀌지 못해 그렇다고 대답했습니다.

시아버지와 시어머니는 며느리의 병이 깊은 줄 알고 걱정했기에, 방귀를 뀌는 것은 별것이 아니라는 듯 며느리에게 뀌고 싶은 만큼 시원하게 방귀를 뀌라고 말해 주었습니다.

며느리가 다급히 "날아가지 않도록 조심하세요!"라고 말했습니다. 세 사람은 며느리가 호들갑을 떤다고 생각했습니다. 며느리는 그동안 참고 참았던 방귀를 아주 시원하게 뀌었습니다. 뿌우우웅 뽕뽕뽕뽕 뿌앙뿌앙 뽕빵뽕빵뽕!

며느리가 뀐 방귀에 집이 들썩들썩 흔들리고, 가족들과 살림살이가 다 날아갈 뻔했습니다.

월 일

바른 자세로 써 보아요.

감정을 실어서 써 보아요.

동화 속 주인공이 되어 써 보아요.

며느리가 뀐 세찬 방귀에 혼쭐이 난 시아버지와 시어머니는 이대로 가다가는 집 안에 남아나는 게 없을 것 같아, 며느리를 친정집으로 돌려보내기로 결정했습니다.

다음 날 아침, 시아버지와 며느리는 집을 나섰습니다. 한참 걷던 두 사람은 배나무 아래에서 잠시 쉬었습니다. 나무에 주렁주렁 매달린 배가 탐스럽게 익은 것을 본 시아버지는 저도 모르게 침을 꼴깍 삼켰습니다.

그 자리에 있던 비단 장수와 유기 장수도 입맛을 다셨습니다. "저 배를 누가 따 준다면 내가 가진 비단의 절반을 주겠네." 하고 비단 장수가 말하니, "나도 내가 가진 그릇의 절반을 주겠어." 하고 유기 장수도 이야기했습니다.

그러자 며느리가 "다들 배나무에서 멀리 떨어지세요." 하고는 방귀를 힘차게 뀌었습니다. 뿌앙뿌앙 뽕뽕뽕! 배나무에서 배가 우수수 떨어졌습니다.

비단 장수와 유기 장수는 약속대로 비단과 그릇 절반을 며느리에게 주었습니다.

그러자 시아버지는 '방귀 뀌는 게 무슨 큰일이라고! 방귀로 재물을 버는 복덩이 며느리를 몰라보고 내쫓을 뻔했네.'라고 생각하고는 며느리에게 다시 집으로 돌아가자고 말했습니다.

시댁으로 돌아온 며느리는 방귀를 마음껏 뽕뽕 뀌며 행복하게 살았습니다.

생각 다지기

"개똥도 약에 쓴다."라는 속담이 있습니다. 아무리 하찮게 여기던 물건도 언젠가는 소중하게 여겨질 때가 있다는 것입니다. 우리는 일상생활에서 방귀가 더럽고 냄새나는 것으로 생각하지만, 방귀가 하는 역할이 있습니다. 실제로 방귀는 참으면 병이 되고, 배에 가스가 찰 때 나오는 것입니다. 그래서 방귀를 뀌는 것은 자연스러운 현상으로 부끄러워하지 않아도 됩니다.

만약 내가 이야기 속의 방귀쟁이 며느리처럼 엄청난 위력의 방귀를 뀌게 된다면 무엇을 할 수 있을까요? 그리고 무엇을 하고 싶나요? 아무래도 엄청난 위력을 가진 만큼 방귀를 좋은 일에 사용하면 참 좋을 것입니다. 이 이야기에서 방귀는 자신에게 단점이 될 수도, 남들과는 다른 재주일 수도 있습니다. 자신이 가진 단점을 잘 다듬어 하나의 장점으로 나타낼 수 있을지 생각해 봅시다. 또한, 남들과 다른 나만의 재주가 있는지, 자신이 가진 재주로 무엇을 할 수 있을지 생각해 보는 것도 좋겠습니다.

이야기를 상상하며 써 보아요.

이것만 쓰고 잠깐 쉬어요.

*세차다: 기세나 형세가 힘 있고 억세다.　*유기 장수: 유기(놋쇠)로 만든 그릇을 판매하는 일을 하는 사람

바보 온달과 평강 공주

먼 옛날 고구려에는 앞을 보지 못하는 늙은 홀어머니를 모시려고 먹을 것을 구걸하며 살아가는 소년 온달이 있었습니다.

온달은 착했지만, 어수룩하고 둔해 보여 사람들이 그를 '바보 온달'이라고 놀려 댔습니다.

한편 고구려 왕궁에는 평원왕의 딸인 평강 공주가 있었는데, 공주는 하루에도 몇 번씩 잘 울었습니다.

그때마다 평원왕은 평강 공주에게, "자꾸 울면 바보 온달에게 시집보낼 거란다." 하고 말했습니다. 평강 공주는 바보 온달이 어떤 사람인지 궁금했습니다.

평강 공주가 열여섯 살이 되었을 때, 평원왕은 평강 공주에게 좋은 남편감이 있다고 말했습니다. 하지만, 평강 공주는 평원왕이 말리는데도 온달에게 시집가겠다고 고집을 부려 궁궐에서 쫓겨났습니다. 그길로 평강 공주는 자신의 패물과 보석, 옷가지를 챙겨 온달의 집으로 갔습니다. 평강 공주는 온달에게 자신이 이곳에 온 까닭을 이야기했습니다. 그 후 그들은 혼인했습니다.

평강 공주는 온달에게, "낮에는 무예를 갈고닦고 말 타는 법을 배우세요. 밤에는 글과 병법을 공부해야 합니다." 하고 말했습니다. 온달은 평강 공주의 말에 따라 밤낮으로 열심히 노력했습니다.

40

바른 자세로 써 보아요.

감정을 실어서 써 보아요.

동화 속 주인공이 되어 써 보아요.

*패물: 사람의 몸을 치장하기 위해 차는, 금, 은 등으로 만든 장식물(반지, 팔찌, 귀고리, 목걸이 등)   *병법: 군사를 지휘하여 전쟁하는 방법

그로부터 몇 년이 흘렀습니다. 고구려에서는 삼월 삼짇날이 되면 낙랑 언덕에서 큰 사냥 대회를 열고 제사를 지냈습니다.

온달은 그동안 갈고닦은 솜씨를 발휘해 사냥 대회에서 일등을 차지했습니다. 평원왕은 우승자가 온달임을 알고 매우 놀랐습니다.

어느 날, 북주라는 나라가 고구려를 쳐들어왔습니다. 전쟁에 참가한 온달은 전쟁터에서 앞장서서 적들을 물리치는 등 큰 공을 세웠습니다. 그러자 평원왕은 온달과 평강 공주에게 궁궐에서 정식 혼례식을 치르도록 해 주었고, 온달에게 큰 벼슬을 내렸습니다.

평원왕이 죽고 뒤를 이어 영양왕이 고구려를 다스렸습니다. 온달은 신라에 빼앗긴 고구려의 땅을 되찾을 때까지 고구려로 돌아오지 않겠다고 말하고는 전쟁에 나갔습니다. 하지만 안타깝게도, 온달은 전투에서 적의 화살을 맞고 죽음을 맞이했습니다.

온달의 시신을 담은 관이 땅에서 떨어지지 않아 고구려로 가지 못하고 있었습니다. 평강 공주가 찾아와서 "죽고 사는 것은 하늘에서 이미 정해 주셨으니, 이제 그만 평안히 가시옵소서." 하며 달래 주었습니다.

그러자 온달의 시신이 담긴 관이 움직였습니다.

생각 다지기

"바보 온달과 평강 공주" 이야기는 실제로 우리 역사에 있었던 일입니다. 고구려 시대 평원왕의 어린 딸이 울기를 잘하여 왕이 놀리며, "네가 항상 울어서 내 귀를 시끄럽게 하니, 바보 온달에게나 시집가야겠다."라는 말을 했다는 기록이 있습니다. 하지만 실제로는 평강 공주가 어릴 때 많이 울어서 바보 온달에게 시집을 보낸 것이 아닙니다. 귀족들이 평강 공주를, 왕을 위협하는 가문의 자제와 강제로 혼인을 시키려고 압박하자, 평강 공주는 어쩔 수 없이 바보 온달에게 시집을 간 것입니다. 평강 공주는 온달의 능력을 알아본 사람이기도 합니다. 평강 공주는 자신의 패물과 보석을 팔아 온달이 낮에는 무술을 연마하고, 밤에는 글과 병법을 공부할 수 있도록 뒷받침을 해 줍니다. 또한, 병에 걸린 말을 싸게 산 뒤 잘 보살펴서 매우 우수한 말이 되게 하였습니다. 삼월 삼짇날 사냥 대회에서 온달은 이 말을 타고 나가 우승을 합니다. 우리 친구들은 이 이야기에서 평강 공주의 헌신적인 보살핌과 온달의 성실함과 꾸준한 노력을 살펴볼 수 있을 것입니다.

이야기를 상상하며 써 보아요.

 **이것만 쓰고 잠깐 쉬어요.**

*삼월 삼짇날: 음력 3월 3일

방귀쟁이 시합

　아주 먼 옛날, 윗마을에 방귀를 뀌면 소리가 요란하고, 냄새가 고약하며, 땅에 커다란 구덩이가 파이는 방귀쟁이가 살았습니다.

　하루는 윗마을 방귀쟁이가 아랫마을 방귀쟁이의 소문을 듣게 되었습니다. 아랫마을 방귀쟁이는 방귀를 뀌면 소리가 우렁차고, 냄새가 지독하며, 아름드리나무가 뿌리째 뽑혀 날아간다고 했습니다.

　자신이 최고의 방귀쟁이라고 생각한 윗마을 방귀쟁이는 아랫마을 방귀쟁이와 겨뤄 보고 싶었습니다. 그래서 윗마을 방귀쟁이는 아랫마을 방귀쟁이를 찾아갔습니다.

　"방귀 시합을 해서 누가 더 뛰어난지 가립시다."

　방귀 시합이 있는 날, 진귀한 구경을 하려고 많은 사람들이 모여들었습니다. 먼저 윗마을 방귀쟁이가 방귀를 뿡뿡 뿌우우웅 뀌자 이쪽 나무 몇 그루에서 열매가 우수수 우수수 떨어졌습니다. 이 광경을 본 사람들은 놀란 토끼 눈을 하였습니다.

　이번에는 아랫마을 방귀쟁이가 방귀를 뿌웅뿌웅 뿡뿡 뀌자 저쪽 나무 몇 그루에서 열매가 와르르와르르 떨어졌습니다. 사람들은 이 광경을 보고 화들짝 놀랐습니다.

바른 자세로 써 보아요.

감정을 실어서 써 보아요.

동화 속 주인공이 되어 써 보아요.

*놀란 토끼 눈을 하다: 뜻밖이거나 놀라 눈을 크게 뜨다.

이번에는 윗마을 방귀쟁이가 돌절구를 향해 방귀를 뿌우웅 뽕 뀌었습니다. 무거운 돌절구가 아랫마을 방귀쟁이를 향해 날아갔습니다. 그러자 아랫마을 방귀쟁이가 방귀를 뽕 뿌웅뽕 뀌었고, 돌절구는 다시 윗마을 방귀쟁이에게로 날아갔습니다.

두 사람이 방귀를 번갈아 뀌면서 돌절구는 하늘 높이 솟아올라 공중에서 왔다 갔다 했습니다. 결국 돌절구는 달까지 날아갔습니다.

두 사람은 연달아 방귀를 뀌었기 때문에 힘이 완전히 빠졌습니다. 둘은 너무나 지쳐 길가에 주저앉아 버렸습니다.

윗마을 방귀쟁이가 말했습니다. "아이고, 엉덩이야! 이젠 방귀 뀔 힘이 없구먼." 아랫마을 방귀쟁이도 말했습니다. "나도 그래. 아무래도 우리 둘 다 힘이 비슷한 것 같구먼. 이제는 사이좋게 지내는 게 어떤가?" 그러자 윗마을 방귀쟁이가 말했습니다. "그래, 그러자고!"

한편, 달까지 날아간 돌절구에는 옥토끼 한 마리가 살고 있었습니다. 돌절구가 달까지 날아가는 동안 옥토끼는 돌절구에서 떨어지지 않으려고 간신히 버티다가 달에 도착했습니다. 그 후로 하늘에 휘영청 밝은 보름달이 떠오르면, 옥토끼가 절굿공이로 돌절구에 떡을 찧는 게 보인답니다.

생각 다지기

이 이야기는 "며느리 방귀는 복 방귀"와 마찬가지로 방귀와 관련하여 재미있는 내용을 담고 있습니다. 윗마을 방귀쟁이와 아랫마을 방귀쟁이는 서로 자신이 최고의 방귀쟁이라고 주장하며 대결을 벌입니다. 두 사람은 방귀를 뀌어 과일나무의 열매를 죄다 땅에 떨어뜨리고, 하늘에서 떨어지면 사람이 다치거나 건물이 부서질 수 있는 무거운 돌절구로 대결을 벌입니다. 두 방귀쟁이가 뀌는 힘센 방귀는 막강한 힘이나 큰 영향력으로 생각해 볼 수 있습니다. 사회에는 강력한 힘이나 커다란 영향력을 자랑하는 개인이나 세력이 있습니다. 자신이 가진 힘의 크기를 생각하지 않고, 내키는 대로 무작정 휘두른다면 다른 사람들이나 사회는 혼란스러워질 것입니다. 자신의 힘을 자랑하느라 남에게 피해를 주거나 남을 못살게 굴지 않도록 조심해야 합니다.

한편, 이야기 마지막에 등장하는 돌절구의 옥토끼는 옛날 사람들이 달 표면을 보고 상상한 것입니다. 신선들의 부탁으로 귀한 약을 만들려고 돌절구에 약초를 찧는 옥토끼로 말이지요.

이야기를 상상하며 써 보아요.

이것만 쓰고 잠깐 쉬어요.

*절구: 곡식을 빻거나 찧으며 떡을 치기도 하는 기구 *절굿공이: 절구에 곡식을 빻거나 찧거나 할 때에 쓰는 기구

빨강 부채, 파랑 부채

멀고 먼 옛날, 어느 마을에 할아버지와 할머니가 몹시 가난하게 살고 있었습니다. 집에 먹을 게 없자, 할아버지는 최 부잣집에 양식을 꾸러 갔습니다. 하지만, 최 부자는 식량을 내주지 않았습니다.

할아버지가 집으로 터벅터벅 걸어오는데, 길가에 웬 부채가 떨어져 있었습니다. 가까이 가서 살펴보니, 빨강 부채와 파랑 부채였습니다.

두 부채를 주워 집에 온 할아버지는 할머니에게 부채를 보여 주었습니다.

그러고 나서 할아버지가 얼굴에 빨강 부채를 부치는데, 코가 점점 길어지는 것이었습니다! 할머니가 놀라 고함을 지르며, "아이고, 영감! 망측하게도 코가 자라다니! 이를 어쩌면 좋소?" 하고 말했습니다.

혹시나 하는 생각에 할아버지는 파랑 부채로 부채질을 했습니다. 그러자 코가 원래의 길이로 돌아왔습니다. 빨강 부채와 파랑 부채는 요술 부채였습니다! 할아버지는 요술 부채로 최 부자를 골려 주고, 돈을 벌 생각을 했습니다.

다음 날, 할아버지는 최 부자를 찾아가 대화를 나누었습니다. 그리고 최 부자 몰래 최 부자의 얼굴에 빨강 부채를 부쳤습니다.

할멈, 이게 요술 부채인가 보구려!

바른 자세로 써 보아요.

감정을 실어서 써 보아요.

동화 속 주인공이 되어 써 보아요.

***양식**: 살기 위해 필요한 사람의 먹을거리

최 부자의 코가 점점 길어졌습니다. 할아버지는 얼른 대화를 끝내고 집에 돌아왔습니다.

그다음 날, 최 부자의 길어진 코를 고쳐 주는 사람에게 전 재산의 절반을 준다는 소문이 퍼져 있었습니다. 할아버지는 산에서 캔 약초를 들고 최 부잣집에 갔습니다.

최 부자가 약초를 달인 약을 먹을 때, 할아버지는 몰래 파랑 부채를 부쳤습니다. 그러자 최 부자의 코가 원래대로 돌아왔습니다.

병이 나았다고 생각한 최 부자는 할아버지에게 전 재산의 반을 주었습니다.

돈 욕심이 생긴 할아버지는 요술 부채로 돈을 계속 벌어들였습니다.

어느 날, 할아버지는 빨강 부채로 코가 얼마만큼 길어질지 궁금해졌습니다. 할아버지는 빨강 부채를 계속 부쳤습니다. 길어진 코는 하늘의 구름을 뚫고 옥황상제가 사는 궁전에 다다랐습니다. 옥황상제는 깜짝 놀라 "저 흉한 것을 당장 기둥에 꽁꽁 묶어라!" 하고 명령했습니다.

더 이상 코가 자라지 않자, 할아버지는 파랑 부채를 부쳤습니다. 그러자 할아버지의 몸이 하늘 위로 계속 들려 올라갔습니다. 그때, 옥황상제가 "기둥에 묶은 저것을 이제는 풀어 주어라!" 하고 명했습니다.

생각 다지기

신기한 요술 부채가 있다면 누구나 그것을 갖고 싶어 할 것입니다. 빨강 부채를 부치면 코가 길어지고, 파랑 부채를 부치면 코가 다시 정상으로 돌아옵니다. 요술 부채이지만 부채를 부치면 돈이 나오거나 원하는 물건이 나오는 게 아니라, 코가 길어지고 작아지는 것이라 신기하면서도 재밌습니다.

가난하게 살던 할아버지는 요술 부채 덕분에 많은 재산을 얻게 됩니다. 하지만 할아버지는 열심히 일을 하거나 재산을 가지고 좋은 일을 하지 않습니다. 요술 부채를 이용해 남을 골탕 먹이면서 많은 돈을 버는 데 집중할 뿐입니다.

지나친 욕심을 부리면 벌을 받습니다. 좀 어려운 말로 '과유불급(過猶不及)'이라고 합니다. '정도가 지나침은 미치지 못한 것과 같음'이라는 말입니다. 할아버지는 이미 부자가 되었음에도 더 욕심을 부리다가 어려움을 겪게 됩니다. 욕심내지 말고 자신의 자리에서 겸손하게 행동하는 것이 중요합니다.

이야기를 상상하며 써 보아요.

이것만 쓰고 잠깐 쉬어요.

세종대왕

1418년에 세종대왕은 아버지 태종 임금의 뒤를 이어 조선의 네 번째 임금의 자리에 올랐습니다. 세종대왕은 백성을 사랑하는 마음이 매우 컸기에 나라를 잘 다스리고자 온 정성과 온 힘을 기울였습니다.

세종대왕은 궁궐에 집현전을 설치하여 젊고 참신하고 유능한 학자들을 뽑아 나라를 다스리는 데 도움이 되게 하였습니다.

또한 대마도를 정벌하여 왜구를 물리쳤고, 두만강까지 땅을 넓혀서 조선의 영토임을 확실하게 했습니다.

세종대왕이 다스리던 시기에는 농업, 교육, 복지, 음악, 역사, 수학, 과학, 군사 등 많은 분야에서 큰 발전을 이루었습니다.

그런데 당시에는 백성에게 가르칠 것을 모아 놓은 책이나 백성에게 널리 알리는 방문이 모두 한자로 쓰여 있었습니다.

세종대왕은 한자가 어려워 백성들이 생활에 필요한 것을 제대로 알지 못하는 점이 걱정되었습니다. "우리나라 말은 중국의 말과 달라, 백성들이 쉽게 한자를 읽거나 쓸 수가 없구나. 우리 백성을 위해 새로 우리의 글자를 만들어야겠다."

우리 백성을 위한 우리 글자를 만들어야 한다.

바른 자세로 써 보아요.

감정을 실어서 써 보아요.

동화 속 주인공이 되어 써 보아요.

*집현전: 궁중에 설치한 학문 연구 기관   *방문: 어떤 일을 널리 알리기 위하여 사람들이 다니는 길거리나 많이 모이는 곳에 써 붙이는 글. '방'이라고도 한다.

한자를 사용하지 않고, 새 문자를 만드는 것은 많은 반대와 위험이 따르는 일이었습니다. 당시에는 중국 명나라의 힘이 셌기 때문에 새 문자를 만드는 일은 명나라를 반대하는 것과 같았습니다.

한편 당시의 양반들은 한자를 소중히 여겼으며, 어리석다고 생각한 백성이 쉬운 글자로 세상의 여러 가지를 알게 되는 것을 꺼렸습니다.

세종대왕은 신하들과 명나라가 알지 못하도록 비밀리에 한글을 창제해야 했기에 밤늦게까지 잠을 자지 않고 연구했습니다. 그래서 세종대왕이 한글을 만든 다음 신하들에게 알리자, 최만리를 비롯한 집현전 학자들과 신하들은 크게 반대하기도 했습니다.

1443년 12월 30일, 《세종실록》에 적힌 내용을 보면 "이달에 임금이 친히 언문 28자를 지었는데…… 이것을 훈민정음이라고 일렀다."라고 쓰여 있습니다.

백성을 가르치는 바른 소리라는 뜻을 가진 '훈민정음', 즉 한글은 총 28자로 자음이 17자, 모음이 11자로 창제되었습니다. 이렇게 만들어진 한글은 무슨 소리든지 다 적을 수 있었습니다. 이후 한글은 백성에게 널리 쓰이며, 백성의 삶과 일상생활에서 큰 도움이 되었습니다.

생각 다지기

세종대왕은 조선 시대의 제4대 왕입니다. 많은 훌륭한 일을 하셨기 때문에 대왕(大王)이라고 불립니다. 한글은 세계에서도 그 우수성을 인정받고 있습니다. 세계의 많은 언어학자들은 한글이 세계에서 가장 합리적이고 과학적이며 우수한 문자라고 칭찬합니다. 왜냐하면 한글의 자음은 혀의 위치나 입술의 모양, 즉 발음 기관의 모양을 본떠 만들었고, 모음은 하늘, 땅, 사람의 모습을 참고하여 만들었기 때문입니다. 그래서 배우기 쉽고 편리합니다.

다른 나라의 문자들은 그림에서 시작하여 조금씩 발전하며 전해 왔지만, 한글은 세종대왕이 1443년에 창제하고, 1446년에 반포한 우리나라의 문자입니다. 즉, 만든 사람과 날짜가 정확하게 밝혀진 몇 안 되는 문자인 것입니다. 한글을 소중하게 생각하며 잘 익혀 사용할 수 있도록 노력해야겠습니다. 지나치게 외래어를 사용하는 친구들이 있는데, 한글을 아끼고 사랑하는 마음을 키워 나가는 친구들이 되었으면 좋겠습니다.

월 일

 이야기를 상상하며 써 보아요.

이것만 쓰고 잠깐 쉬어요.

***창제**: 전에 없던 것을 처음으로 만들거나 정함   ***언문**: 예전에 '한글'을 이르던 말

소가 된 게으름뱅이

아득히 먼 옛날, 한 마을에 일하기를 몹시 싫어하는 게으름뱅이 젊은이가 살았습니다.

가족들이 아침 일찍 일어나 부지런히 일하러 나갈 때에도, 게으름뱅이는 한낮에 눈을 떠 온종일 빈둥거렸습니다.

게으름뱅이가 밥을 먹고 다시 누워 잠을 자면, 가족들은 소가 된다고 잔소리를 했습니다. 그럴 때마다 게으름뱅이는 차라리 소가 되어 풀을 뜯으며 편히 살고 싶었습니다.

하루는 게으름뱅이가 오후가 되도록 마루에 누워 있었습니다. 한 할아버지가 갑자기 집에 들어오더니, 소머리 모양의 탈을 게으름뱅이에게 주었습니다.

"빈둥대며 손 하나 까딱하고 싶지 않은 사람들이 이 탈을 쓰면 아주 좋은 일이 생긴다오."

할아버지의 말에 귀가 솔깃해진 게으름뱅이는 얼른 탈을 썼습니다. 그러자 게으름뱅이가 소로 변했습니다. 게으름뱅이는 너무 놀라 할아버지에게 사람으로 돌아가게 해 달라고 울며불며 빌었습니다.

하지만, 게으름뱅이의 울음소리는 "음매, 음매"로 들렸고, 목에는 목줄이 껴 있었습니다.

바른 자세로 써 보아요.

감정을 실어서 써 보아요.

동화 속 주인공이 되어 써 보아요.

*빈둥거리다: 아무 일도 하지 않고 자꾸 게으름을 피우며 놀기만 하다.

할아버지는 소가 된 게으름뱅이를 이끌고 장터로 가서 한 농부에게 팔면서, 소에게 무를 먹이면 죽으니 조심하라고 말해 주었습니다.

이제 게으름뱅이는 이른 새벽부터 늦은 오후까지 온종일 바쁘게 일을 해야만 했습니다. 조금이라도 쉬려고 하면 농부가 어김없이 몽둥이와 채찍을 휘두르며 매를 때렸습니다.

게으름뱅이는 풀 외에 먹을 것이 없었으며, 밤이 되어야만 외양간에서 겨우 잠을 잘 수 있었습니다. 밤이 되면 게으름뱅이는 서러움에 눈물을 흘렸지만, "음매" 하는 소 울음소리가 들릴 뿐이었습니다.

농부는 소가 된 게으름뱅이를 혹독하게 부렸기 때문에, 게으름뱅이는 온몸이 다 아팠습니다. 더 이상은 참고 견딜 수 없었던 게으름뱅이는 차라리 죽기로 마음먹었습니다.

그때, 소머리 탈을 주었던 할아버지의 말이 떠올랐습니다. 게으름뱅이는 무밭으로 달려가 무를 마구 뽑아 먹었습니다.

그러자 이상한 일이 벌어졌습니다. 게으름뱅이는 죽지 않고, 사람의 모습으로 돌아온 것이었습니다. 소로 살면서 깨달은 게 많았던 게으름뱅이는 그때부터 열심히 살았습니다.

생각 다지기

혹시 우리 친구들은 "밥 먹고 바로 누우면 소 된다."라는 말을 들어 봤나요? 실제로 밥을 먹은 후에 바로 누우면 소가 되지는 않지만, 몸에는 좋지 않다고 합니다. 왜냐하면 소화가 잘 되지 않고, 역류성 식도염이나 위장 질환이 생길 수 있는 등 건강상 나쁜 영향을 끼치기 때문입니다.

그런데 할아버지는 왜 게으름뱅이에게 탈을 건네주어 소로 만들었을까요? 한 번 생각해 보세요.

우리 친구들도 일상생활에서 게으르게 살지 말고, 부지런한 생활을 해야 합니다. 그러기 위해서는 매일 계획을 세워서 실천하는 습관을 기르면 좋습니다. 특히 방학이나 주말에는 몇 시에 일어나서 몇 시에 잘 것인지, 책은 언제 보고, 수학과 영어 공부는 언제 얼마나 할 것인지 스스로 계획을 세워 보고 그대로 실천해 봅시다. 이렇게 계획을 세워서 꾸준하게 실천하는 습관이 생기면 나중에 어른이 되어서도 부지런한 생활을 계속할 수 있게 됩니다.

이야기를 상상하며 써 보아요.

이것만 쓰고 잠깐 쉬어요.

***혹독하다**: 성질이나 하는 짓이 몹시 모질고 악하다.

소금을 만드는 맷돌

아주 먼 옛날, 임금님에게 신기한 요술을 부리는 맷돌이 있었습니다. 임금님이 주문을 외우듯 "금 나와라!" 하고 말하면 맷돌에서 금이 끊임없이 쏟아져 나왔습니다. 또한, "금 그만 나와라!" 하고 말하면 더 이상 금이 나오지 않았습니다.

임금님은 요술 맷돌을 이용해 나라와 백성에게 필요한 물건들을 나오게 했습니다. 백성이 먹을 쌀이 부족하면, "쌀 나와라!" 하고 말했습니다.

다른 나라가 쳐들어오면, 임금님은 "무기 나와라!" 하고 말해, 요술 맷돌에서 나오는 무기로 다른 나라의 공격을 막아 냈습니다.

이 신기한 맷돌은 온 나라에 소문이 났습니다. 사람들은 저마다 요술 맷돌을 보고 싶어 했습니다. 또한 요술 맷돌을 탐내는 사람들도 많이 생겼습니다.

그래서 임금님은 요술 맷돌을 궁궐 안에 있는 임금님의 방 깊숙한 곳에 숨겨 놓았습니다.

이 나라에서 비싼 물건만 훔치던 도둑이 요술 맷돌을 탐냈습니다. 어느 날, 도둑은 궁궐 안으로 몰래 들어갔습니다. 도둑은 궁궐의 이 방 저 방을 뒤지다가 임금님의 방을 발견했습니다.

도둑은 잠든 임금님이 깨어나기 전에 방 곳곳을 슬금슬금 뒤져 드디어 요술 맷돌을 찾아냈습니다. 도둑은 얼른 궁궐에서 빠져나와, 준비해 놓은 배를 타고 바다 건너에 있는 섬으로 도망쳤습니다.

도둑은 그토록 탐내던 요술 맷돌을 손에 넣게 되자 무척 기뻤습니다. "이게 신기한 요술을 부리는 맷돌이구나. 원하는 것이면 무엇이든 나오게 해 준다지? 자, 보물 나와라!" 도둑이 말하자 맷돌에서는 어마어마한 보물이 쏟아져 나왔습니다. "세상에! 보물 그만 나와라!" 도둑은 믿기지가 않았습니다.

이번에는 도둑이 "소금 나와라!" 하고 외쳤습니다. 그 당시에 소금은 굉장히 비쌌습니다. 도둑은 요술 맷돌에서 나오는 소금을 팔아 큰 부자가 되고자 했습니다.

그래서 소금이 배에 가득 찼는데도, 도둑은 부자가 될 욕심에 소금이 나오는 것을 계속 보고만 있었습니다.

배가 서서히 가라앉자, 도둑은 당황했습니다.

도둑은 "소금 그만 나와라!" 하고 말하는 것조차 잊어버렸습니다. 배는 완전히 바다에 가라앉아 버렸고, 함께 가라앉은 요술 맷돌은 지금도 쉬지 않고 소금을 계속 쏟아 내고 있기에 바닷물이 짜게 되었답니다.

생각 다지기

"소금을 만드는 맷돌"은 여러 가지 다른 버전이 있습니다. 소금 장수가 나무꾼의 맷돌을 훔쳤다는 이야기가 있고, 욕심쟁이가 신기한 맷돌을 훔쳤다는 이야기도 있습니다. 그리고 여러분이 따라 쓴 것처럼 도둑이 임금님의 요술 맷돌을 훔쳤다는 내용도 있습니다.

지금은 아주 흔하지만, 예전에는 '소금'이 정말 귀했습니다. 그래서 소금이 돈처럼 사용되기도 하였고, 소금이 많으면 부자가 될 수 있었습니다. 우리는 어떤 음식을 만들건 소금을 항상 필요로 하였기 때문에 소금이 귀하게 여겨졌던 것입니다.

만약, '신기한 맷돌'이 있다면 여러분은 무엇을 갖고 싶나요? 돈? 장난감? 맛있는 음식?

그런데 여기서 명심할 게 있습니다. 바로, 욕심을 과하게 부리지 않는 것입니다. 도둑이 부자가 될 욕심에 배가 가라앉는데도 요술 맷돌에서 계속 소금을 나오게 했듯이 과한 욕심은 화를 불러일으키기 때문입니다.

이야기를 상상하며 써 보아요.

 이것만 쓰고 잠깐 쉬어요.

심청전

옛날 옛적, 바닷가 가까이 자리한 도화촌이라는 마을에 심학규라는 사람이 살았습니다. 마을 사람들은 눈이 멀어 앞을 보지 못하는 심학규를 심 봉사라고 불렀습니다.

심 봉사의 부인은 딸 청이를 낳고 며칠 만에 세상을 떠났습니다. 대신에 심 봉사가 젖동냥을 해 가며, 청이를 정성스레 키웠습니다.

심청은 자라서 이 집 저 집 다니면서 먹을 것을 구해 아버지를 극진하게 보살폈습니다. 마을에서는 심청을 효녀라고 칭찬했습니다.

하루는 심 봉사가 지팡이를 짚고 길을 걷다가 개울물에 빠졌습니다. 스님이 지나가다가 개울물에서 허우적대는 심 봉사를 구해 주었습니다.

심 봉사의 어렵고 딱한 사정을 들은 스님은 심 봉사에게, "부처님께 공양미 삼백 석을 바치면 심 봉사는 눈을 뜰 수 있습니다."라고 말해 주었습니다.

그러자 심 봉사는 자신의 형편을 생각하지 않고, 부처님께 쌀 삼백 석을 바치겠다고 스님께 섣불리 약속했습니다.

집에 돌아와서야 심 봉사는 지킬 수 없는 약속을 한 것을 깨달았습니다. 근심이 가득한 심 봉사에게 쌀 삼백 석의 이야기를 들은 심청은 아버지를 위로하며, 자신이 쌀을 구하겠다고 말하였습니다.

아버지, 눈을 꼭 뜨게 되시길 바랄게요!

바른 자세로 써 보아요.

감정을 실어서 써 보아요.

동화 속 주인공이 되어 써 보아요.

* **봉사**: 앞을 보지 못하거나 앞을 보기 어려운 사람을 낮춰 부르는 말 * **젖동냥**: 젖먹이를 기르기 위하여 남의 집으로 젖을 얻으러 다니는 일
* **공양미**: 부처님께 바치는 쌀

어느 날, 심청은 뱃사람들이 인당수에 바칠 제물을 찾고 있는 것을 알게 되었습니다.

심청은 아버지의 눈을 뜨게 해 줄 공양미 삼백 석을 받는 대신, 인당수에 바칠 제물로 자신의 목숨을 내놓기로 다짐했습니다.

심청은 사람들에게 아버지를 잘 보살펴 달라는 부탁을 하고는 파도가 거센 인당수에 몸을 던졌습니다. 심청의 효심에 감동한 옥황상제는 심청을 죽이지 않고, 용궁에서 편히 지내도록 했습니다. 그 후 커다란 연꽃에 심청을 태워 다시 세상으로 돌려보내 주었습니다.

황제는 인당수에 떠다니는 연꽃 속의 여인을 황후로 맞이하라는 꿈을 꾼 뒤, 심청을 발견하여 황후로 맞이했습니다. 하지만 심청은 홀로 계실 아버지 걱정에 근심이 쌓여 갔습니다.

심청의 근심을 알게 된 황제는 세상의 모든 맹인을 초대하여 큰 잔치를 벌였습니다. 심 봉사도 이 소식을 듣고 고생 끝에 잔치 마지막 날에 겨우 궁궐에 도착했습니다.

멀리서 심 봉사를 발견한 심청은 그토록 그리던 아버지 곁으로 다가갔습니다. "아버지, 저 청이에요!" 심 봉사는 죽은 줄로만 알았던 심청이 살아 있는 걸 알게 되자, 심청을 다시 만난 기쁨에 눈이 번쩍 뜨였습니다.

그 후, 황제와 황후 심청, 심 봉사는 오래도록 행복하게 살았습니다.

생각 다지기

심 봉사는 마흔 살이 넘어서 딸 심청을 낳습니다. 아내인 곽씨 부인은 죽고, 혼자 심청이를 어렵게 키웁니다. 앞을 보지 못하는 심 봉사의 소원은 당연히 눈을 뜨는 것입니다. 그래서 불공을 드리라는 스님의 말에, 심 봉사는 쌀 삼백 석을 바치겠다고 약속합니다. 쌀 삼백 석을 마련하기 위해 심청이는 제물이 되어 인당수에 빠집니다. 심청이의 행동을 통해 부모님을 섬기는 도리인 '효도'를 생각해 볼 수 있습니다. 효도를 하는 것은 자식들이 부모님을 공경하고 잘 섬기는 것을 말합니다. 심청이가 생각하는 효도는 먹을 것을 구하러 다니고, 아버지를 보살피며, 아버지의 소원이 꼭 이루어지도록 인당수의 제물이 되는 것이었습니다. 심청의 효심은 결국 옥황상제를 감동시켜 심청이가 다시 살아나는 기적이 일어나게 됩니다. 그 후 심 봉사 역시 황후가 된 심청을 만나고서 눈을 뜨는 큰 기쁨을 맛봅니다. 우리 친구들은 평소 부모님께 효도를 하고 있는지 잘 생각해 보고, 어떻게 하는 게 효도하는 일인지도 고민해 본 후 실천하기 바랍니다.

이야기를 상상하며 써 보아요.

이것만 쓰고 잠깐 쉬어요.

*맹인: 시각 장애인을 달리 이르는 말로, 눈이 먼 사람을 가리킴

어린 원님

먼 옛날 어느 마을에 영리하고 총명한 소년이 있었습니다.

소년은 어린 나이인데도 지혜롭고 똑똑하여 마을에서도 이름이 높았습니다. 소년은 열다섯 살이 되었을 때, 과거에 급제하였습니다.

그로부터 삼 년 후, 소년은 어느 고을의 원님으로 부임하게 되었습니다. 고을의 관리들과 백성들은 모두 어떤 사람이 원님으로 오게 될지 궁금하게 여기며, 원님이 오기를 손꼽아 기다렸습니다. 새로 부임한 원님이 관아에 도착하자 다들 깜짝 놀랐습니다. 원님이 너무나 어렸기 때문입니다.

관리들과 백성들은 어린 원님이 고을의 형편을 제대로 파악하여 백성과 고을을 잘 다스릴 수 있을지 의심하였습니다.

한편, 관리들은 자신보다 나이가 한참 어린 원님에게 굽실거리면서 모셔야 하는 게 못마땅하였습니다.

관리들은 원님이 무슨 지시를 내리든지 간에 허투루 듣고, 잘 따르지 않았습니다. 원님은 기분이 매우 언짢아, '도대체 내가 하는 말을 관리들 어느 누구도 제대로 듣지도 않고 따르지도 않으니……. 이렇게 괘씸할 수가!' 하고 생각했습니다.

나를 어리다고 무시하다니! 앞으로는 돌갓을 쓰거라.

아이고 머리야, 이러다 목이 부러지겠구나!

월 일

바른 자세로 써 보아요.

감정을 실어서 써 보아요.

동화 속 주인공이 되어 써 보아요.

*과거: 관리를 뽑을 때 실시하던 시험   *급제: 시험이나 검사에 합격함   *원님: 조선 시대에 각 고을을 맡아 다스리던 지방관들을 통틀어 이르는 말

그래서 원님은 관리들에게 그들이 한 잘못을 일깨워 주고, 그들의 행동을 바로잡아 주기로 마음먹었습니다.

하루는 원님이 석공을 불러 돌로 된 갓을 만들라고 명령했습니다.

석공은 원님이 내린 지시에 적잖이 당황했지만, 밤낮으로 열심히 돌을 쪼아 돌 갓을 만들어 원님에게 갖다 바쳤습니다.

원님은 관아에서 자신의 말을 무시하고 명령을 따르지 않는 관리들만 따로 불러 모은 뒤 말했습니다. "내가 이 고을에 와 보니, 그대들은 고개가 뻣뻣하고 오만하며, 고집이 세서 내가 지시를 내려도 따르지 않는다. 그런 상태로 원님인 나를 도와 고을의 모든 백성을 위해 어찌 일하겠느냐? 이 돌 갓이 그대들에게 특효약이 될 터이니, 어서 쓰도록 하라!" 원님의 불호령이 떨어졌습니다.

관리들은 원님의 호통 소리에 무거운 돌 갓을 머리에 쓰다 보니, 고개가 앞으로 저절로 숙여지다 못해 땅에 닿을 지경이었습니다. 그런데 원님은 관리들에게 앞으로 이 돌 갓을 쓰고 일을 하라고 명령했습니다.

관리들은 원님에게 두 손 모아 싹싹 빌며 다시는 이런 잘못을 저지르지 않겠다고 말했습니다. 그 후 관리들은 원님이 하는 말은 한마디도 놓칠세라 주의 깊게 듣고 열심히 따랐습니다.

생각 다지기

사람을 대할 때는 나이, 외모, 직업 등으로 사람을 판단하면 안 됩니다. 그러나 고을의 관리들은 나이의 많고 적음을 기준으로 함부로 사람을 판단합니다. 그래서 새로 온 원님이 나이가 어리다는 이유로, 관리들은 원님을 무시하고, 원님이 내리는 명령에 따르지 않습니다. 겉에서 보자면, 원님은 관리들에게 명령을 내리는 가장 높은 위치에 있는 사람입니다. 하지만 실제로는, 원님의 나이가 어렸기 때문에 원님은 관리들보다 약한 위치에 놓이게 됩니다. 그렇지만 원님은 지혜롭고 현명한 사람이었습니다. 관리들에게 돌 갓을 쓰게 하여 관리들 스스로 자신들이 저지른 잘못을 깨우치도록 해 줍니다.

우리 친구들도 원님처럼 지혜로운 사람이 되기 위해서는 어릴 때부터 책을 많이 읽어야 합니다. 그리고 책에서 교훈을 얻었으면 자신의 생활에 어떻게 적용할지 생각해 본 후 조금씩 실천하며 바꿔 나가야 합니다. 우리 모두 지혜로운 사람이 되도록 노력해 봅시다.

이야기를 상상하며 써 보아요.

이것만 쓰고 잠깐 쉬어요.

*석공: 돌을 다루어 물건을 만드는 사람   *오만하다: 태도나 행동이 건방지거나 거만하다.

오성과 한음

오성 이항복과 한음 이덕형은 어려서부터 영특하고 똑똑하여 공부를 잘하였습니다. 한편, 장난기도 심해 서로 골탕을 먹이기도 했습니다.

하지만, 다른 사람들에게 피해를 주는 일은 없었습니다. 두 사람은 사이가 매우 좋아 한 사람이 어려운 일을 당하면 다른 하나가 누구보다 먼저 달려가 도와주곤 했습니다.

서당에서 훈장님은 자주 오성과 한음을 칭찬하며, 다른 아이들도 이들만큼 공부를 잘했으면 좋겠다고 말했습니다. 아이들은 훈장님의 말씀에 오성과 한음을 부러워하기도 하고, 샘을 내기도 했습니다.

서당에서 공부를 마친 어느 날 오후였습니다. 오성과 한음이 집에 가려는데 누군가 이들을 불렀습니다. 뒤를 돌아보니, 재덕이라는 아이였습니다. 재덕이는 조용한 곳에 가서 긴히 할 말이 있다면서, 오성과 한음을 불러내었습니다.

재덕이가 오성과 한음을 바라보며 수줍게 웃으며 말했습니다.

"너희들은 어떻게 해서 공부를 잘하는 거니?" 한적한 곳으로 자신들을 불러낸 재덕이가 기껏 공부를 잘하는 방법을 물어보니, 오성과 한음은 맥이 풀렸습니다.

바른 자세로 써 보아요.

감정을 실어서 써 보아요.

동화 속 주인공이 되어 써 보아요.

***영특하다**: 남달리 뛰어나고 훌륭하다.   ***맥(이) 풀리다**: 기운이나 긴장이 풀어지다.

오성은 진지하게 물어보는 재덕이에게, "재덕아, 며칠 동안 밑구멍이 뚫린 독에 물을 부어 봐!" 하고 말했습니다.

영문을 모르는 재덕이가 눈이 휘둥그레지며 오성이 한 말이 무슨 뜻인지 물어보았습니다.

하지만, 오성과 한음은 말한 대로 해 보면 알 거라면서 집에 가 버렸습니다. 그날부터 재덕이는 밑구멍이 뚫린 독에 물을 부었습니다.

며칠이 흐른 후, 재덕이가 오성과 한음을 불렀습니다. "너희가 하라는 대로 밑구멍이 뚫린 독에 물을 부어 보았어. 구멍 사이로 물이 모두 흘러 버렸지. 나는 어떻게 하면 독에 물을 채울 수 있을지 깊이 생각해 보았어. 쉬지 않고 끊임없이 열심히 독에 물을 부으니 결국에는 구멍이 있어도 물이 조금씩 차더라. 그걸 보면서 어떻게 공부해야 하는지 깨닫게 되었어."

오성과 한음은 재덕이의 다음 말을 기다렸습니다. "공부한 것을 잊어버려도 반복해서 공부하면, 언젠가는 잊어버리지 않고 모두 기억하고 깨우칠 수 있다는 거지." 하고 재덕이가 말했습니다.

오성과 한음은 스스로 공부하는 법을 깨달은 재덕이를 바라보면서 환하게 웃으며 축하해 주었습니다. 재덕이는 그때부터 열심히 그리고 꾸준히 공부하였습니다.

생각 다지기

"오성과 한음"은 조선 선조 때 유명한 신하인 오성 이항복과 한음 이덕형의 이야기입니다. 이 이야기에는 두 사람이 어려서부터 소꿉친구로 지내면서 생긴 일화가 많이 나옵니다. 그렇지만, 실제로 두 사람이 처음 만난 것은 과거 시험을 봤을 때로, 이항복이 23세, 이덕형이 18세였습니다. 두 사람이 서로 나이는 다르지만, 실제로 평생에 걸쳐 각별한 우정을 나눈 특별한 관계였던 것은 분명한 사실입니다. 특히 이덕형이 쓴 《한음문고》라는 책에는 다른 사람들에게 보낸 편지가 총 110통이 수록되어 있는데, 그중 이항복에게 보낸 편지가 77통이나 된다고 합니다. 이처럼 이항복과 이덕형은 나이를 뛰어넘어 서로 믿고 의지하며 한평생을 친하게 지냈던 것입니다.

우리 친구들은 가장 친한 친구가 누구인가요? 그리고 그 친구의 어떤 점이 마음에 드나요? 좋은 친구를 사귀기 위해서는 내가 먼저 좋은 사람이 되어야 합니다. 또한, 친구의 입장을 생각하며 먼저 다가서고 노력하는 것은 친구를 사귀는 좋은 방법이 됩니다.

 **이야기를 상상하며 써 보아요.**

이것만 쓰고 잠깐 쉬어요.

*영문: 일이 돌아가는 형편이나 그 까닭

은혜 갚은 까치

옛날 옛적에 한 젊은이가 한양에서 과거를 보려고 고향을 떠나 먼 길을 나섰습니다. 젊은이가 깊은 산골을 지나가는데, 어디선가 까치의 깍깍거리는 울음소리가 들렸습니다.

젊은이가 바라보니, 느티나무에 있는 까치집 앞에 커다란 구렁이 한 마리가 혀를 날름거리며 새끼 까치들에게 다가가고 있었습니다.

부모 까치 한 쌍은 날개를 퍼덕이며 시끄럽게 울면서 구렁이를 쫓아내려고 애쓰고 있었습니다. 젊은이는 생각했습니다. '저러다 새끼 까치들이 전부 구렁이에게 잡아먹히겠어.'

구렁이가 새끼 까치들을 잡아먹으려는 찰나, 젊은이는 갖고 있던 활로 화살을 쏘아 구렁이를 맞혔습니다. 구렁이는 죽고, 새끼 까치들은 젊은이가 쏜 화살 덕분에 목숨을 구할 수 있었습니다.

날이 저물자 젊은이는 묵을 곳을 찾았습니다. 멀리 초가집 하나가 보이자, 젊은이는 얼른 그리로 가서 하룻밤만 묵기를 청했습니다. 그러자 집에서 젊은 여인이 나와 허락해 주었습니다.

젊은이는 피곤했기에 금방 잠이 들었습니다. 그런데 가슴이 몹시 답답하고 숨쉬기가 힘들어 눈을 떠 보니, 커다란 구렁이가 젊은이의 몸을 칭칭 감고 있었습니다.

바른 자세로 써 보아요.

감정을 실어서 써 보아요.

동화 속 주인공이 되어 써 보아요.

*깍깍거리다: 사람이나 짐승이 몹시 놀라거나 죽게 되어 자꾸 소리를 지르다.　*찰나: 어떤 일이나 사물 현상이 일어나는 바로 그때

흠칫 놀라 눈을 크게 뜬 젊은이에게 구렁이는 "나는 네가 낮에 죽인 구렁이의 부인이다. 여자로 변장해 너를 기다리고 있었다. 너를 죽여 남편의 원수를 갚겠다." 하고 말하며, 젊은이의 몸을 꽉 죄었습니다.

젊은이는 "새끼 까치들이 잡아먹히는 게 안타까워 저도 모르게 활을 쏘았을 뿐입니다. 한 번만 용서해 주십시오."라고 말했습니다.

그러자 구렁이는 젊은이의 몸에서 스르르 몸을 풀며, "오늘 밤 자정까지 언덕 위에 있는 종각의 종을 세 번 울리면 네 목숨을 살려 주마." 하고 말했습니다.

젊은이는 얼른 몸을 일으켜 언덕으로 갔습니다. 종각은 높다란 곳에 있어 올라가기가 마땅치 않았고, 종을 잡아당길 줄조차 보이지 않았습니다.

어느새 구렁이가 나타나 젊은이에게 달려들려는 순간, 종이 세 번 울렸습니다. 구렁이는 분했지만, 약속한 대로 총각을 살려 주었습니다.

젊은이가 종각 아래로 가 보니, 핏자국과 함께 머리가 깨진 까치 두 마리가 죽어 있었습니다. 바로, 새끼 까치들을 살려 준 젊은이를 구하고자 부모 까치들이 종각의 종을 울렸던 것입니다.

젊은이는 한참 동안 부모 까치들을 쓰다듬으며 눈물을 뚝뚝 흘린 다음 양지바른 곳에 부모 까치들을 고이 묻어 주었습니다.

생각 다지기

만약 우리 친구들은 길가에 새끼 고양이가 위험한 상황에 닥쳐 있다면 도와줄 것인가요?
쉽지 않습니다. 나와 직접 상관없는 일이고, 괜히 도와줬다가 나에게 피해가 올 수도 있기 때문입니다.
이 이야기는 아무리 말 못 하는 짐승이라도 자신이 받은 은혜가 있으면 그것을 반드시 갚는다는 교훈이 담겨 있습니다.
우리 친구들도 다른 사람에게 도움을 받았으면 그것을 꼭 기억했다가 은혜를 갚는 사람이 되어야 합니다.
그리고 항상 다른 사람을 도와주는, 마음이 따뜻한 사람이 되길 바랍니다. 그것이 지금 당장 나에게 큰 이익이 되지 않더라도 분명 나중에는 커다란 복으로 돌아올 것입니다.

이야기를 상상하며 써 보아요.

이것만 쓰고 잠깐 쉬어요.

*종각: 큰 종을 달아 두기 위하여 지은 누각(사방을 바라볼 수 있도록 문과 벽이 없이 다락처럼 높이 지은 집)
*양지바르다: 땅이 볕을 잘 받게 되어 있다.

은혜 갚은 호랑이

옛날 옛날 아주 먼 옛날, 어느 깊은 산속에서 나무꾼이 나무를 하고 있었습니다. 어디선가 컥컥대는 소리가 들려 나무꾼이 그리로 가 보니, 커다란 호랑이가 도와 달라는 듯 입을 크게 벌렸습니다. 나무꾼은 호랑이의 큼직한 몸집에 놀랐지만, 가까이 다가가 호랑이의 목구멍을 살펴보았습니다.

호랑이의 목에는 은비녀가 걸려 있었습니다. 나무꾼이 은비녀를 빼 주자, 호랑이는 "이 은혜는 꼭 갚겠습니다." 하고 말하였습니다.

다음 날 아침, 나무꾼이 시끄러운 소리에 잠을 깼습니다. 마당으로 나가 보니, 크고 굵은 통나무가 마당 한쪽에 가득 쌓인 것을 보았습니다.

나무꾼 덕분에 목숨을 구한 호랑이가 나무꾼에게 은혜를 갚는 것이었습니다. 호랑이는 날마다 통나무를 마당에 가져다주었고, 나무꾼은 호랑이 덕분에 더 이상 깊은 산골로 나무를 하러 가지 않아도 되었습니다.

세월이 흐른 어느 날, 한양에 커다란 호랑이가 자주 나타나 사람들과 가축들을 해쳤습니다. 해가 저물면 아무도 집 밖에 나가지 못할 정도로, 호랑이가 떨치는 기세는 맹렬했습니다.

바른 자세로 써 보아요.

 감정을 실어서 써 보아요.

동화 속 주인공이 되어 써 보아요.

*한양: '서울'의 옛 이름   *맹렬하다: 기세가 몹시 사납고 세차다.

임금님이 호랑이를 사냥하는 사람에게 큰 상을 내리겠다고 선포했지만, 다들 호랑이와 맞닥뜨리면 무서워 도망가기 일쑤였습니다.

어느 날 밤, 커다란 호랑이가 나무꾼의 집으로 들어왔습니다. 나무꾼은 그 호랑이가 은혜를 갚은 호랑이인 것을 알아보고 매우 반가워했습니다.

호랑이는 나무꾼에게, "한양에서 사람과 가축을 해쳤던 호랑이가 바로 나요. 내일 점심때쯤 종로 거리로 와서 내가 나타나면 총으로 나를 쏘시오. 나는 이제 죽을 때가 되었소." 하고 말해 주었습니다.

나무꾼은 호랑이를 죽이기 싫다면서 호랑이의 제안을 거절하지만, 호랑이는 나무꾼에게 반드시 와야 한다며 간곡히 청했습니다.

다음 날 점심때쯤 나무꾼이 종로 거리에 가 보니, 호랑이는 사람들을 괴롭히고 있었습니다. 호랑이와 맞닥뜨린 나무꾼은 호랑이가 총에 맞지 않도록 일부러 다른 곳을 향해 총을 쏘았습니다. 하지만, 호랑이는 나무꾼이 쏜 총에 맞은 듯이 쓰러졌습니다.

나무꾼이 호랑이를 죽인 것으로 착각한 사람들은 환호했고, 임금님은 나무꾼에게 큰 상을 내렸습니다.

나무꾼은 양지바른 곳에 호랑이를 묻었습니다. 호랑이의 죽음을 슬퍼한 나무꾼은 눈물을 흘리면서 호랑이의 명복을 빌어 주었습니다.

생각 다지기

예로부터 호랑이는 한반도에 많이 살았기에, 단군 신화를 비롯해 각종 설화, 속담, 전래 동화, 기록 등에서 호랑이를 수없이 찾아볼 수 있습니다. 이 책에도 호랑이와 관련된 이야기로, "나그네와 호랑이", "재주 많은 오 형제", "팥죽 할머니와 호랑이", "해와 달이 된 오누이", "호랑이와 곶감" 그리고 "은혜 갚은 호랑이"가 있습니다. "나그네와 호랑이", "재주 많은 오 형제", "팥죽 할머니와 호랑이", "해와 달이 된 오누이"에는 나쁜 짓을 한 대가로 불행한 마지막을 맞이하는 호랑이의 모습이 그려졌고, "호랑이와 곶감"에서는 어리석은 호랑이가 나옵니다. 하지만, "은혜 갚은 호랑이"에서는 자신의 목숨을 구해 준 나무꾼에게 진심으로 고마워하며 꾸준히 은혜를 갚는 호랑이가 나타납니다. 호랑이는 자신이 언제쯤 죽을지 예감하고, 자신의 죽음마저도 나무꾼에게 은혜를 갚는 데 씁니다. 이 이야기를 통해 우리 친구들은 받은 은혜를 보답하고자 하는 마음가짐과 행동의 중요함을 깨닫고, 받은 은혜를 꼭 보답하는 습관을 길러 봅시다.

월 일

 이야기를 상상하며 써 보아요.

이것만 쓰고 잠깐 쉬어요.

＊**선포하다**: 세상에 널리 알리다.　＊**명복**: 죽은 뒤 저승에서 받는 복

의좋은 형제

　먼 먼 옛날, 어느 마을에 서로 사이가 아주 좋은 형제가 살았습니다. 형은 아우를 살뜰히 아끼고 정성을 다해 돌보았습니다. 아우는 형을 믿고 따르며, 늘 형을 본받으려 애썼습니다. 형제는 무슨 일이든 간에 서로 같이 의논하고, 함께했습니다.

　형제는 부모님이 물려준 논을 똑같이 나누어 서로 도와 가며 농사를 지었고, 농사를 지으며 얻은 수확물도 공평하게 나누어 가졌습니다.

　가을이 되자 벼가 누렇게 익어 가면서 황금벌판이 물결쳤습니다.

　이제 벼를 추수할 때가 되었습니다. 아우는 깜깜한 꼭두새벽부터 일어나 벼를 수확하고자 형의 논으로 갔습니다. 아우는 낫으로 벼를 열심히 베었습니다.

　새벽녘부터 땀 흘려 일한 탓에 아우는 꽤 힘이 들었지만, 기분이 정말 좋았습니다.

　이윽고 아우는 자신의 논으로 갔다가 화들짝 놀랐습니다. 벼가 모두 말끔하게 수확되어 있었기 때문입니다. "세상에! 형님께서 엄청 바쁘셨을 텐데, 시간을 쪼개서 내 논까지 모두 추수를 해 주시다니! 정말로 고맙습니다, 형님!"

　　　　　　　　　　아우는 눈시울이 젖어 들었습니다.

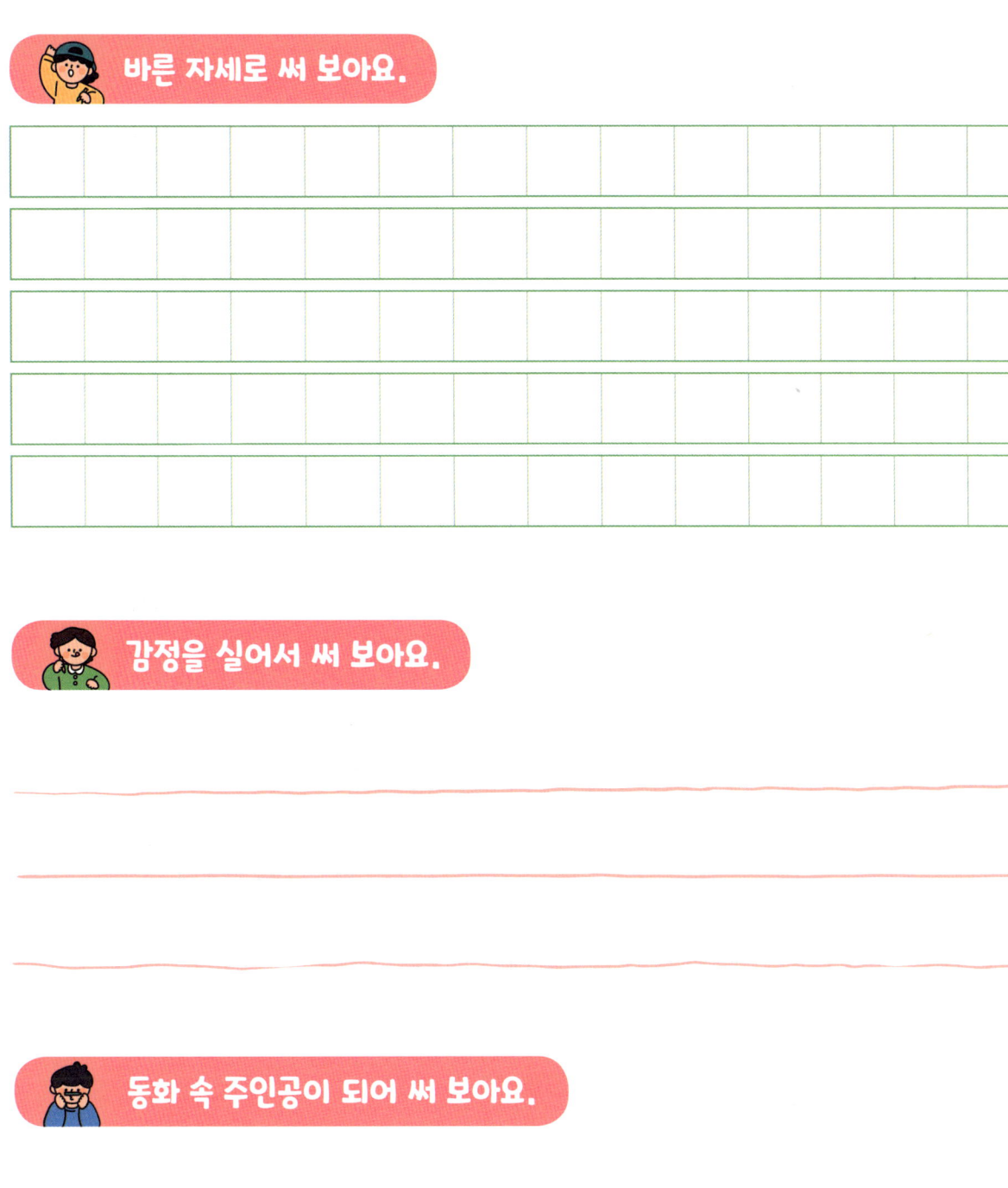

* 수확물: 거두어들인 농작물 * 꼭두새벽: 아주 이른 새벽 * 눈시울: 눈 가장자리나 주변에 속눈썹이 난 곳

형 역시 아우의 논에서 농사일을 마치고 자신의 논에 가 보니, 모두 수확된 벼를 보고 깜짝 놀랐습니다. 형제는 서로에게 진심으로 고마워하며, 앞으로 더욱 열심히 정성껏 힘을 보태야겠다고 마음먹었습니다.

하루는 아우가 자신의 논에서 수확한 벼를 형의 논에 몰래 옮겨 놓을 생각을 했습니다. '형님은 돌봐야 할 아이들이 많잖아.'

아우는 늦은 밤 몰래 형의 논에 볏단을 많이 가져다 놓았습니다. 아우는 여러 번 볏단을 옮기느라 힘이 들었지만, 마음은 뿌듯했습니다.

다음 날 아침이었습니다. 아우의 논에 있는 벼가 하나도 줄지 않고 그대로였습니다. 형 역시 '아우는 이제 막 장가를 갔으니 돈이 많이 필요할 거야.' 하고 생각하며 아우의 논에 볏단을 많이 가져다 놓았기 때문입니다.

그날 밤, 형과 아우는 해가 져서 어두컴컴해지자 각자 볏단을 지게에 지고 형제의 논으로 향했습니다. 형제는 논두렁길에서 서로 부딪히는 바람에 각자 뒤로 나자빠졌습니다. 형제는 몸을 일으키다가 서로를 알아보고 부둥켜안았습니다.

형제는 이제 각자의 볏단이 줄지 않는 이유를 알게 되었으며, 서로를 아끼고 보살피는 마음에 목이 메었습니다.

생각 다지기

우리 친구들은 '의좋다'라는 말을 알고 있나요? 사람 사이에 정이 깊어 사이가 두터운 것을 '의좋다'라고 말합니다. 그래서 '의좋은 형제'는 형제 사이에 싸우지 않고 서로 도우며 지내는 사이를 말하며, '의좋은 친구'는 사이가 좋은 친구 사이를 말합니다.

우리 친구들은 형제간, 자매간, 남매간에 사이가 좋나요? 항상 내 생각만 먼저 하기보다는 입장을 바꿔서 형, 언니, 오빠, 누나 그리고 동생의 입장에서 생각해 보면 어려움이 있더라도 이겨낼 수 있습니다.

참고로 충청남도 예산군 대흥면이라는 곳에 "의좋은 형제" 이야기를 테마로 조성한 공원이 있습니다. 실제 두 형제의 모습을 나타낸 동상과 살았던 집, 두 형제가 다녔던 거리도 재현되어 있다고 하니, 책을 읽은 후 부모님과 함께 방문해 보는 것도 좋겠습니다.

이야기를 상상하며 써 보아요.

이것만 쓰고 잠깐 쉬어요.

*볏단: 벼를 베어 묶은 것

이순신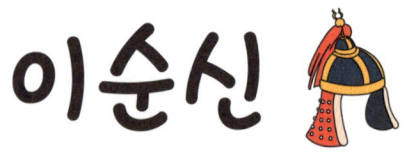

　1592년, 우리나라에 일본이 쳐들어온 임진왜란이 일어났습니다. 전라좌도 수군절도사 이순신은 철저한 전투 준비와 뛰어난 전략으로 옥포 해전, 한산도 대첩 등 여러 해전에서 일본을 계속 이겼습니다. 이후 이순신은 삼도 수군통제사도 맡게 되었습니다.

　하지만 이순신을 시기한 신하들의 거짓 보고와 선조 임금의 명을 일부 따르지 않은 대가로, 이순신은 관직에서 물러나게 되었습니다.

　평상시 이순신을 시샘하던 원균은 이순신의 뒤를 이어 삼도 수군통제사가 되었습니다. 1597년 7월, 원균은 칠천량에서 왜군의 공격을 받아 크게 패했고, 그 결과 열두 척의 판옥선을 제외하고 나머지 배를 모두 잃어 버렸습니다.

　선조는 자신이 했던 일을 후회하며, 이순신을 다시 삼도 수군통제사에 앉힌 뒤, 남아 있는 조선 수군의 수가 적으므로 육지에서 전투할 것을 명령했습니다.

　하지만 이순신은 선조에게, "전하, 신에게는 아직 열두 척의 배가 남아 있사오니, 죽을힘을 다해 적과 맞서 싸우면 이길 수 있사옵니다." 하고 보고하였습니다.

　이순신은 지형이 좁고, 바닷물의 흐름이 굉장히 빠른 울돌목을 전투 장소로 선택했습니다.

전하, 신에게는 아직 열두 척의 배가 남아 있습니다.

바른 자세로 써 보아요.

감정을 실어서 써 보아요.

동화 속 주인공이 되어 써 보아요.

*수군절도사: 조선 시대에 각 도의 수군을 다스리는 일을 맡아보던 무관 벼슬　　*삼도 수군통제사: 임진왜란 때, 경상·전라·충청 세 도의 수군을 통솔하는 일을 맡아보던 무관 벼슬　　*시기하다: 남이 잘되는 것을 샘하여 미워하다.　　*판옥선: 널빤지로 지붕을 덮은 배로, 조선 시대에 전투할 때 쓰였다.

명량 대첩이 벌어지기 전날, 이순신은 장수들을 불러 모아 "병법에서 이르기를 '죽고자 하면 살 것이고, 살고자 하면 죽을 것이다.' 그리고 '한 사람이 길목을 잘 지키면 천 사람을 두렵게 할 수 있다.'라고 했는데, 이것은 우리를 두고 한 말이다."라고 말하며, 장수들의 전의를 북돋았습니다.

1597년 9월 울돌목에서 이순신은 열세 척의 배로 왜군과 맞붙었습니다. 그날 오전에는 이순신이 탄 배만 홀로 왜군과 전투를 벌였습니다. 이순신의 명령으로, 두려움에 떨던 부하 장수들의 배가 모두 이순신의 배 주위로 가까이 다가와 함께 전투에 참가했습니다. 오후가 되면서 밀물이 점점 잦아들고 바닷물의 흐름이 조선 수군에게 유리하게 바뀌었습니다. 그러자 왜선들은 우왕좌왕하며, 조선 수군을 공격하지 못했습니다.

이때, 조선 수군은 활과 화포를 쏘면서 총공격을 퍼부었고, 공격을 받은 왜선은 차례로 가라앉았습니다.

곧이어 왜군의 함대 사령관을 포함한 지휘 장수들이 조선 수군의 공격에 죽었습니다.

조선 수군은 열세 척의 배로 백삼십삼 척의 배를 가진 왜군과 맞서 싸워 큰 승리를 거두었습니다. 명량 대첩인 이 전투를 계기로 이순신은 궤멸할 뻔했던 조선 수군을 다시 일으켜 세웠고, 서해를 통해 한양으로 나아가려던 왜군의 계획을 완전히 무너뜨렸습니다.

생각 다지기

우리나라 국민이 가장 존경하는 역사적 인물을 조사하면 이순신 장군은 항상 최상위권에 나옵니다. 그만큼 이순신 장군은 우리나라를 지키기 위해 노력하신 분입니다. 만약, 이순신 장군이 없었다면 우리나라는 조선 시대 때 일본에 나라를 빼앗겼을 수도 있습니다.

이순신 장군은 일본이 우리나라를 쳐들어온 임진왜란 전부터 전쟁을 대비한 준비를 철저히 해 왔습니다. 실제 전투와 똑같은 강도로 이루어진 고된 훈련과 빈틈없는 전투 준비는 임진왜란이 벌어졌을 때 큰 도움이 되었습니다. 이로써 임진왜란 때 벌어진 옥포 해전, 당포 해전, 한산도 대첩, 부산포 해전 등 수많은 전투에서 이순신 장군과 조선 수군은 승리했습니다. 일본이 2차로 우리나라를 쳐들어온 정유재란에서도 이순신 장군은 물러서지 않고 열심히 싸워 명량 대첩, 노량 해전에서 모두 승리를 거두었습니다. 우리 친구들은 이순신 장군의 위인전을 천천히 읽어 보며, 나는 어떤 사람이 되고 싶은지 생각해 봅시다.

| 월 | 일 |

이야기를 상상하며 써 보아요.

이것만 쓰고 잠깐 쉬어요.

* **전의**: 싸우고자 하는 의욕　　* **우왕좌왕하다**: 이리저리 왔다 갔다 하며 일이나 나아가는 방향을 종잡지 못하다.
* **궤멸하다**: 무너지거나 흩어져 없어지다. 또는 그렇게 만들다.

임금님 귀는 당나귀 귀

신라 시대 때 있었던 일입니다. 한 임금님이 임금의 자리에 오른 후부터 귀가 조금씩 자라더니 마치 당나귀 귀처럼 귀가 커졌습니다.

임금님은 자신의 귀가 부끄러워 어느 누구에게도 보여 주지 않았습니다.

임금님은 귀가 점점 더 커지자, 머리에 쓰는 관인 '복두'를 새로 만들어 귀를 완전히 가리고자 마음먹었습니다.

임금님은 의관을 만드는 노인을 궁궐로 불러 자신의 귀를 보여 주었습니다. "내 귀가 당나귀 귀처럼 계속 자라고 있구나. 이 귀를 완전히 감출 수 있는 복두를 새로 만들어라. 내 귀에 대해 아무에게도 말하지 마라. 이 비밀이 새어 나가면 너는 목숨을 잃을 것이다."

노인은 임금님의 귀를 가릴 만한 커다란 복두를 만들어 바쳤습니다. 그런 뒤 임금님의 비밀을 지키고자 몇 년이나 입을 꼭 다물고 살았습니다.

하지만, 노인의 입은 점점 근질근질했고 가슴은 타들어 갔습니다.

더 이상 참으면 죽을 것 같은 마음에, 노인은 깊은 산속에 있는 대나무 숲으로 갔습니다. 노인은 숲에 사람이 없는 것을 확인한 뒤 "임금님 귀는 당나귀 귀다!" 하고 여러 번 크게 외쳤습니다.

바른 자세로 써 보아요.

감정을 실어서 써 보아요.

동화 속 주인공이 되어 써 보아요.

*의관: 남자의 웃옷과 갓이라는 뜻으로, 남자가 정식으로 갖추어 입는 옷차림을 이르는 말

노인은 그제야 답답했던 마음이 뻥 뚫린 것 같은 기분이 들었습니다.

그런데 그 후로 신기한 일이 일어났습니다. 대나무 숲에 바람이 불면 댓잎끼리 서로 부딪히면서 "임금님 귀는 당나귀 귀다!" 하는 소리가 들렸습니다.

보고를 들은 임금님은 매우 화가 나서 대나무 숲의 대나무를 모조리 베어 버리라고 명령하였습니다. 대나무가 사라진 숲에서는 어떠한 소리도 나지 않았습니다.

대나무가 잘려 나간 그 자리에 누군가 산수유나무를 심었습니다. 산수유나무는 열매를 맺을 만큼 쑥쑥 자라났고, 숲은 울창해졌습니다. 그러자, 다시 바람이 불어 나무 이파리끼리 부딪히면 "임금님 귀는 당나귀 귀다!" 하는 소리가 들렸습니다.

이제 모든 백성이 '임금님 귀는 당나귀 귀'임을 알게 되었습니다. 그러자 임금님은 복두를 벗고 모든 사람에게 자신의 귀를 보여 주었습니다. 하지만 아무도 임금님의 귀를 우습게 여기지 않았습니다.

임금님은 그동안 괜히 걱정했다고 생각했습니다. 그때부터 임금님은 큰 귀로 백성과 신하들의 말을 더욱 귀 기울여 들었으며, 나라를 열심히 다스리는 데 온 힘과 정성을 쏟았습니다.

생각 다지기

이 이야기는 신라 제48대 경문왕의 귀에 얽힌 설화를 배경으로 만들어졌습니다. 임금님은 왕위에 오른 뒤부터 조금씩 귀가 자라기 시작해 몇 년이 지나자 귀가 당나귀 귀만큼 커졌습니다. 임금님은 자신의 귀가 커지자 부끄럽게 생각하며 감추는 데에만 급급했습니다. 하지만, 귀가 커진 만큼 더욱 귀를 기울여 들을 수 있고, 더 많은 내용을 들을 수도 있습니다. 임금이란 자신이 하고 싶은 말을 하고 원하는 일을 하는 것이 아닌, 열린 마음으로 백성과 신하의 의견을 골고루 듣고 백성을 잘 보살피고 나라를 잘 다스려야 하는 사람입니다. 귀가 커진 것은 그만큼 임금의 자리에 충실하라는 의미입니다. 임금님은 온 백성이 커다란 귀에 대해 알게 되자 솔직하게 귀를 드러냅니다. 이제 임금님은 자신의 귀를 긍정적으로 바라보고, 백성과 나라를 잘 다스리는 데 커다란 귀를 사용하게 됩니다. 우리 친구들도 자신이 단점이라고 여겼던 것들을 긍정적이면서 사랑하는 마음으로 바라보고, 좋게 사용할 수 있을지 생각해 봅시다.

이야기를 상상하며 써 보아요.

 **이것만 쓰고 잠깐 쉬어요.**

자린고비

먼 옛날, 춘천에 있는 어느 마을에 '토목공이'라는 사람이 살았습니다. 널리 구두쇠로 알려진 토목공이는 음식을 대단히 아껴 먹었고, 옷이 삭을 때까지 입었으며, 웬만한 일에는 돈을 쓰지 않았습니다.

하루는 토목공이가 충주에 사는 '자린고비'라는 사람이 자신보다 더욱 짠 구두쇠이면서 재산이 훨씬 많다는 소문을 듣게 되었습니다.

토목공이는 자린고비가 어떻게 생활하여 많은 재물을 모으게 되었는지 궁금했습니다.

한편, 토목공이에게는 장가갈 때가 된 아들이 하나 있었는데, 알뜰살뜰히 집안 살림을 할 처자를 며느리로 들이고 싶어 했습니다.

토목공이는 자린고비에게 시집갈 나이의 딸이 있는 것을 알게 되었습니다. 토목공이와 자린고비는 서로 아들과 딸을 혼인시켜 사돈 관계가 되었습니다.

얼마 후 자린고비는 시집간 딸이 잘 지내는지 궁금하여 충주에서 춘천까지 걸어서 토목공이의 집에 도착했습니다. 자린고비는 먼 거리를 걸으니 발이 부르트고 너무 힘이 들었지만, 말을 타는 데 드는 돈이 아까워서 꾹 참았습니다.

이런, 세상에! 굴비를 먹지 말고 매달아 놓으라고?

아니, 이 귀한 굴비를 밥상에 차리다니! 굴비란 모름지기 천장에 매달아서 쳐다만 봐야지요!

바른 자세로 써 보아요.

감정을 실어서 써 보아요.

동화 속 주인공이 되어 써 보아요.

*처자: 결혼하지 않은 성년 여자. 비슷한 말로 '처녀'가 있다.
*사돈: 혼인한 두 집안의 부모들 사이 또는 그 집안의 같은 항렬이 되는 사람들 사이에 서로 상대편을 이르는 말

저녁상이 나오기 전, 토목공이와 자린고비는 부채를 얼마나 오래 사용하는지 이야기를 나누었습니다. 토목공이는 부채를 반만 펴서 오 년씩 총 십 년간 사용한다고 자랑하였습니다.

그러자 자린고비가 부채를 쫙 편 뒤에 얼굴이나 몸을 흔들면 부채는 절대 닳지 않고 평생 사용할 수 있다고 진지하게 말했습니다.

토목공이는 자린고비의 인색함에 감탄했습니다.

자린고비의 딸이 차린 저녁상이 방으로 들어왔습니다. 저녁 밥상을 찬찬히 훑어본 자린고비는 토목공이에게 자신이 딸을 잘못 가르쳤다고 말했습니다.

어리둥절한 표정으로 바라보는 토목공이에게 자린고비는, "굴비가 끼니때마다 밥상에 올라온다면 한평생 굴비 값을 어떻게 다 대시려고 합니까? 모름지기 굴비란 딱 한 마리만 사서 새끼줄에 조심스레 엮어 천장에 매달아 놓아야 합니다. 그런 뒤 밥을 먹을 때마다 굴비를 쳐다보면 굴비를 먹은 듯이 짠맛이 느껴져 침이 나오고, 밥도 술술 잘 넘어가지요. 굴비 값도 아끼고 끼니마다 굴비를 먹은 셈이니 일석이조이지요."

토목공이는 자린고비의 말에 혀를 내둘렀습니다. "그것참, 대단합니다! 사돈은 아껴 쓰는 게 나보다 한 수 위입니다그려."

생각 다지기

'자린고비'는 돈이 있음에도 불구하고 꼭 써야 할 때도 쓰지 않고 지내는 사람을 일컫는 말입니다. '구두쇠'와 같은 뜻입니다. 그러니까 꼭 써야 할 돈조차 쓰지 않으므로, 절약하고 아낀다는 의미와는 다릅니다.
혹시 "크리스마스 캐럴"의 주인공 스크루지 영감을 알고 있나요? 스크루지 영감은 크리스마스에 쉬려는 직원의 월급을 깎고 싶어 할 정도로 구두쇠입니다. 그는 크리스마스 전날 밤, 함께 사업을 하다가 죽은 친구의 유령을 만나게 되고, 자신의 과거와 현재 그리고 미래의 모습을 돌아보며 반성합니다.
우리 친구들의 부모님은 일상생활에서 어떤 것을 얼마나 절약하시나요? 그리고 우리 친구들이 절약하는 것은 무엇인가요? 한편으로 절약도 좋지만 다른 사람들을 배려하고, 함께 나누는 것도 소중합니다.

월 일

  이야기를 상상하며 써 보아요.

이것만 쓰고 잠깐 쉬어요.

* **인색**: 재물을 아끼는 태도가 몹시 지나침 * **일석이조**: 돌 한 개를 던져 새 두 마리를 잡는다는 뜻으로, 동시에 두 가지 이득을 봄을 이르는 말
* **혀를 내두르다**: 몹시 놀라거나 어이없어서 말을 못 하다.

재주 많은 오 형제

아득히 먼 옛날, 산속 깊은 마을에 아이가 없는 한 부부가 살았습니다. 부부는 자식을 갖고 싶은 마음에 매일 밤마다 삼신할머니에게 정성을 다해 빌었습니다.

그로부터 천 일째 되는 날, 삼신할머니가 부부의 꿈에 나타나 잘 만든 단지를 구해 부부의 오줌을 담아 땅속에 묻어 두라고 말했습니다.

열 달 후, 단지에서 아기 울음소리가 들리자 부부는 땅을 파서 단지를 꺼내 열어 보니, 건장한 사내아이가 들어 있었습니다.

부부는 "아기가 단지에서 나왔으니, 아기의 이름을 '단지손이'라고 부릅시다." 하고 말했습니다. 단지손이는 맨손으로 밭을 갈고, 바위를 던지며, 나무를 뿌리째 뽑을 정도로 힘이 엄청나게 셌습니다.

단지손이가 열서너 살쯤 되자, 세상 구경을 하고 싶어 부모님에게 인사를 드린 뒤 집을 나섰습니다.

얼마쯤 가자 바람이 세차게 불고, 나무가 폭풍에 휘말린 듯 누웠다가 일어나고를 반복하고 있었습니다.

단지손이가 가까이 가 보니, 낮잠을 자는 사내아이의 들숨, 날숨에 나무가 흔들리는 것이었습니다. 아이가 잠에서 깨자 자신의 이름은 콧김이 세서 '콧김손이'라고 말해 주었습니다.

바른 자세로 써 보아요.

감정을 실어서 써 보아요.

동화 속 주인공이 되어 써 보아요.

*삼신할머니: 할머니의 모습을 띤 세 신령(신)으로, 사람에게 자식을 갖게 해 주고, 아이를 갓 낳은 여자와 태어난 아이를 돌보아 준다.
*단지: 목이 짧고 배가 부른 작은 항아리

단지손이와 콧김손이는 의형제를 맺고, 함께 세상을 구경하기로 했습니다.

그 후, 두 사람은 오줌을 폭포수같이 많이 누는 '오줌손이', 옷고름에 배를 매달아 힘차게 끌고 다니는 '배손이', 무쇠 신을 신고 쿵쿵 소리를 내지만, 전혀 힘들어하지 않는 '무쇠손이'를 만나 모두 의형제를 맺고 함께 세상 구경을 하러 떠났습니다.

오 형제는 깊은 산속에 있는 오두막집에서 하룻밤 묵게 되었습니다. 그 집에는 할머니와 아들들이 살고 있었는데, 그들은 사실 어미 호랑이와 새끼 수놈 호랑이들이었습니다.

그동안 호랑이들은 사람으로 둔갑하여, 오두막집에 머무르는 사람들을 꾀어내어 잡아먹었던 것입니다.

오두막집의 할머니와 아들들이 호랑이라는 것을 알아차린 오 형제에게, 호랑이들은 "우리와 내기를 하자. 내기를 해서 너희들이 이기면 너희의 목숨을 살려 주겠다." 하고 말했습니다. 하지만 오 형제가 호랑이들과 벌인 내기에서 세 차례나 이겼는데도, 호랑이들은 약속을 지키려고 하지 않았습니다.

그러자 단지손이, 콧김손이, 오줌손이, 배손이, 무쇠손이는 서로 힘을 합해 각자 갖고 있는 재주를 이용해 호랑이들을 물리쳤습니다. 재주 많은 오 형제는 다시 세상 구경을 하기 위해 길을 떠났습니다.

생각 다지기

세상에는 보통 사람들과는 다른, 특별하고 놀라운 재주를 가지고 있는 사람들이 있습니다.
이 전래 동화 속의 오 형제도 마찬가지입니다. 이름부터 재미있고 특이합니다. 단지에서 태어난 첫째 힘센 단지손이, 콧김이 센 둘째 콧김손이, 오줌을 폭포처럼 많이 누는 셋째 오줌손이, 타고 다니는 배를 끌고 다니는 넷째 배손이, 무쇠 신발을 신고 다니는 막내 무쇠손이까지.
다섯 아이는 의형제를 맺은 뒤, 함께 세상 구경을 하면서 여러 가지 어려움을 서로 협력하며 이겨 나갑니다.
여러분들은 어떤 특별한 재주를 가지고 있나요? 세상의 모든 사람은 남들과는 다른, 장기와 재주를 각각 가지고 있답니다. 그것이 무엇인지 아직 정확히 모를 수도 있지만, 여러 경험을 하며 성장하다 보면 나중에 알 수 있습니다. 각자 자신의 재주를 키워 나가고 노력하며 더욱 멋지고 훌륭한 사람이 되기 위해서 최선을 다합시다.

월 일

 이야기를 상상하며 써 보아요.

이것만 쓰고 잠깐 쉬어요.

최 부자의 며느리 뽑기

옛날 옛적 어느 마을에 대단히 많은 재물과 드넓은 논밭을 가진 최 부자가 살았습니다. 최 부자에게는 장가보낼 아들이 있었기에, 살림을 알뜰하게 해 나갈 지혜로운 며느리를 맞이하고 싶었습니다.

하루는 최 부자가 부인과 아들을 불러 며느리를 어떤 처자로 맞이해야 할지 의논했습니다.

그러자 지혜롭고 현명한 아들이 집을 하나 마련하여 며느릿감 시험을 보는 게 어떠냐고 말했고, 최 부자는 흔쾌히 찬성했습니다.

최 부자는 곧장 하인을 시켜 초가집을 마련하고, 며느릿감 시험을 보겠다며 마을에 소문을 냈습니다.

"초가집에서 쌀 한 말로 하인 둘과 한 달을 지내야 최 부자 댁의 며느리가 될 수 있다네." 마을 사람들은 최 부자의 까다로운 며느릿감 시험에 다들 혀를 내둘렀습니다.

처자 여럿이 최 부자의 며느리가 되려고 집으로 찾아왔습니다.

그들은 쌀 한 말을 조금씩 나누어 먹으며 한 달을 지내보려고 애썼지만, 모두 쓸데없는 일이었습니다. 다들 배고픔에 못 이겨 며칠을 버티지 못하고 모두 집으로 돌아갔습니다.

바른 자세로 써 보아요.

감정을 실어서 써 보아요.

동화 속 주인공이 되어 써 보아요.

얼마 후, 초가집에 한 처자가 찾아왔습니다. 옷차림은 낡았지만 단정했고, 얼굴은 곱상하고 똘똘하게 생겼으며, 눈은 초롱초롱 빛났습니다.

처자는 할머니 하인에게 쌀 한 말로 밥을 가득 지으라고 말했습니다. 할머니는 놀랐지만, 처자의 말에 그대로 따랐습니다.

처자와 할머니 하인, 남자 하인은 밥을 배불리 먹었습니다. 처자는 하인들에게, "배불리 밥을 먹었으니 집을 청소해요. 할머니, 이제부터 마을에서 일거리를 얻어 와 주세요. 바느질거리, 빨랫감 모두 좋아요." 하고 말했습니다.

그날부터 처자는 열심히 일을 했고, 일솜씨가 좋아 일감이 계속 들어왔습니다. 처자가 일을 하고 번 돈으로 쌀과 찬거리, 땔감 등 생활에 필요한 물건을 모두 마련할 수 있었습니다.

드디어 한 달이 지났습니다.

최 부자 가족이 처자를 만나러 왔습니다. 알고 보니, 한 달 동안 처자와 함께 생활했던 할머니 하인과 남자 하인은 최 부자의 부인과 아들이었습니다. 최 부자 가족은 모두 처자를 마음에 들어 했습니다.

처자는 최 부자의 며느리가 되어, 최 부자 댁의 살림살이를 잘 관리하며 한평생 행복하게 살았습니다.

생각 다지기

이 이야기에 나오는 쌀 한 말은 대략 20kg 정도입니다. 지금은 밥 이외에 빵과 라면도 먹고 외식도 자주 하지만, 예전에는 집에서 오직 쌀로만 밥을 지어 먹었습니다. 그런데 성인 3명이 쌀 20kg을 먹는다면 아마 일주일이면 전부 없어질 것입니다. 그러니까 쌀 한 말은 성인 3명이 한 달을 먹기에는 턱없이 부족한 양입니다.

이 사실을 최 부자는 몰랐을까요? 왜 최 부자는 며느릿감 시험을 볼 때 저런 과제를 냈을까요? 다른 도전자들은 한 끼를 먹거나 혹은 하루 세 끼를 먹다가 쌀이 부족해서 전부 탈락했습니다.

하지만, 시험에 합격한 처녀는 주어진 쌀 한 말을 바탕으로 새롭게 일거리를 구해 와서 오히려 재산을 불렸습니다. 즉, 슬기롭게 지혜를 발휘하여 문제를 해결한 것입니다.

이처럼 우리 친구들도 항상 폭넓게 생각하며, 어떻게 문제를 풀어 나갈지 고민하고 실천하는 멋진 사람이 되었으면 좋겠습니다.

이야기를 상상하며 써 보아요.

이것만 쓰고 잠깐 쉬어요.

*찬거리: 반찬을 만드는 데에 쓰는 여러 가지 재료

춘향전

아주 먼 옛날, 전라도 남원에 남원 부사의 아들인 이몽룡이라는 도령이 살았습니다.

따사로운 봄 햇살이 가득한 어느 날, 몽룡은 하인 방자를 데리고 광한루에서 경치를 구경하고 있었습니다.

한가로운 시간을 보내던 몽룡은 그네를 뛰는 곱고 아름다운 처자를 보고 한눈에 반하였습니다. 방자를 시켜 알아본 그 처자는 성 참판과 지금은 기생을 그만둔 월매 사이에서 태어난 성춘향이었습니다. 몽룡은 춘향의 집으로 가서 춘향과 평생 함께할 것을 약속했습니다.

몽룡과 춘향은 날마다 즐거운 시간을 보냈으나, 두 사람의 행복은 그리 오래가지 못했습니다. 몽룡의 아버지가 동부승지로 임명되어 한양으로 가게 되었기 때문입니다.

몽룡은 어머니에게 춘향과 함께 한양으로 가겠다고 간청했지만, 허락을 받지 못했습니다. 몽룡은 "춘향아, 과거에 급제하여 반드시 너를 찾으러 오마." 하고 춘향과 약속했습니다.

몽룡이 떠난 뒤, 변학도가 남원 부사로 임명되어 남원에 왔습니다. 변학도는 백성을 돌보는 데 관심이 없었고, 자신에게 아첨하는 사람들과 미인들과 함께 날마다 잔치를 하며 시간을 보냈습니다.

바른 자세로 써 보아요.

감정을 실어서 써 보아요.

동화 속 주인공이 되어 써 보아요.

*부사: 조선 시대 지방의 장관(한 관아의 으뜸 벼슬)직 *동부승지: 조선 시대 때 승정원에 속한 정삼품 벼슬
*아첨하다: 남의 환심(기뻐하고 즐거워하는 마음)을 사거나 잘 보이려고 알랑거리다.

변학도는 남원 고을에서 춘향이의 미모가 제일간다는 이야기를 듣고, 춘향이를 불러오게 했습니다. 관청에 도착한 춘향이를 보자마자 마음을 빼앗긴 변학도는 춘향이에게 자신의 수청을 들라고 말했습니다.

하지만, 춘향은 이몽룡과 부부의 인연을 맺었다면서 변학도의 수청을 거절했습니다. 화가 난 변학도는 춘향이를 옥에 가두었습니다.

시간이 흘러 변학도의 생일날이 되었습니다. 고을의 백성은 굶주리는데, 변학도의 생일을 축하하는 성대한 생일잔치가 열렸습니다. 생일잔치에 간 몽룡은 탐관오리를 꾸짖는 시를 짓고 사라져 버렸습니다.

"암행어사 출두요!" 암행어사가 부하들과 출두하여 백성을 못살게 굴고 부패를 일삼았던 변학도를 잡아 옥에 가두었습니다.

암행어사는 옥에 갇힌 춘향이를 데려오게 했습니다. 춘향이가 암행어사를 바라보니, 바로 몽룡이었습니다. 몽룡은 과거에서 장원 급제를 한 뒤, 임금님의 명을 받고 변학도를 벌하기 위해 암행어사가 되어 남원에 내려온 것이었습니다.

옥에서 풀려난 춘향이는 몽룡과 혼인하여 세 아들과 세 딸을 낳고 잘 살았습니다.

생각 다지기

전라북도 남원은 춘향전의 배경이 되는 곳입니다. 지금도 남원에 가면 춘향과 몽룡이 처음 만나 사랑을 나눈 광한루, 춘향과 몽룡이 혼인을 하는 부용당, 춘향에게 제사를 지내는 춘향 사당 등이 있답니다. 《춘향전》을 읽고 난 뒤 이곳을 방문해 보면, 《춘향전》의 내용이 이해가 잘 되고 더욱 오래도록 기억에 남을 것입니다.

춘향과 몽룡은 열여섯 살이라는 어린 나이였지만, 서로를 무척 사랑했습니다. 진정한 사랑을 이루기 위해서는 많은 것이 필요하지만, 그중 상대방을 향한 진실한 믿음과 변함없는 의리도 있어야 합니다. 몽룡의 아버지가 동부승지로 승진하면서 춘향과 몽룡은 남원과 한양에서 각각 떨어져 지내게 됩니다. 하지만 두 사람의 사랑은 매우 진실하고 간절했기 때문에 몽룡은 열심히 공부하여 장원 급제를 한 뒤 춘향을 찾으러 왔습니다. 한편 춘향은 옥에 갇혀서도 끝까지 변학도의 수청을 거절함으로써 춘향과 몽룡의 사랑은 결실을 맺게 됩니다.

이야기를 상상하며 써 보아요.

이것만 쓰고 잠깐 쉬어요.

***탐관오리**: 백성의 재물을 탐내어 빼앗는, 행실이 깨끗하지 못한 관리. 여기에서는 변학도를 가리킨다.　***출두**: 어떤 곳에 몸소 나감

콩쥐 팥쥐

아주 먼 옛날, 콩쥐는 태어난 지 얼마 안 되어 어머니를 잃었습니다. 아버지 최 씨는 젖동냥으로 콩쥐를 애지중지 키웠습니다.

콩쥐는 곱디고운 얼굴과 착한 마음씨를 가진 여자아이로 자라났습니다.

콩쥐가 열네 살이 되었을 때, 아버지는 새 부인을 맞아들였습니다. 새어머니는 팥쥐라는 딸을 데리고 집으로 들어왔습니다.

처음에 새어머니와 팥쥐는 콩쥐에게 잘해 주었지만, 아버지 최 씨가 집에 없을 때면 콩쥐에게 심술을 부렸습니다.

새어머니는 이제 본색을 드러내어 팥쥐에게 귀한 비단 옷과 진수성찬을 주었고, 콩쥐에게는 누덕누덕 기운 옷과 초라한 음식을 주면서 온갖 집안일을 시켰습니다.

어느 날, 고을에서 성대한 잔치가 열렸습니다. 콩쥐는 고을의 모든 사람이 다 모이는 그 잔치에 무척 가고 싶었습니다.

하지만 새어머니는 콩쥐에게, "너는 밑 빠진 독에 물을 가득 부어 놓고, 벼 석 삼을 다 찧고, 베 열 필을 모두 짜 놓은 후 고을 잔치에 오렴." 하고 말했습니다.

새어머니와 팥쥐는 꽃무늬가 화려하게 수놓인 비단옷을 입고 잔치에 가 버렸습니다.

이 많은 일을 언제 다 끝내지?

바른 자세로 써 보아요.

감정을 실어서 써 보아요.

동화 속 주인공이 되어 써 보아요.

*애지중지: 매우 사랑하고 소중히 여기는 모양 *진수성찬: 푸짐하게 잘 차린 맛있는 음식

콩쥐는 서러움에 눈물을 흘렸습니다.

그런데 갑자기 두꺼비가 나타나 독의 구멍을 막아 주어 독에 물을 가득 붓게 되었고, 참새 떼가 몰려와 벼 석 삼을 모두 쪼아서 쌀만 남았습니다.

마지막으로 선녀가 나타나, "착한 콩쥐야, 내가 너를 위해 베 열 필을 모두 짜 두마. 너는 이 옷과 꽃신을 신고 고을 잔치에 다녀오너라." 하고 말해 주었습니다.

콩쥐는 선녀가 준 아름다운 한복과 예쁜 꽃신을 신고 고을 잔치에 갔습니다. 하지만, 개울 물을 건너다가 꽃신 한 짝을 떨어뜨렸습니다.

고을에 새로 부임한 원님이 고을 잔치에 가다가 콩쥐가 떨어뜨린 꽃신을 주웠습니다. 원님은 꽃신 임자가 누구인지 궁금했습니다.

잔치에 도착한 원님은 이방을 통해 꽃신 임자를 찾았습니다. 팥쥐와 처녀들은 꽃신이 각자 자신의 것이라고 우겼지만, 그중에 꽃신 임자는 없었습니다.

꽃신 한 짝이 없던 콩쥐를 눈여겨보던 늙은 아낙네가 이방에게 콩쥐를 가리켰습니다. 꽃신은 콩쥐 발에 꼭 맞았습니다. 원님은 첫눈에 곱디고운 콩쥐를 좋아하게 되었고, 콩쥐도 원님이 마음에 꼭 들었습니다.

콩쥐와 원님은 백성들의 축하를 받으며 혼인하였습니다.

생각 다지기

"콩쥐 팥쥐" 이야기는 아마 우리 친구 중에서 이미 읽어 본 사람이 많을 거에요. 그만큼 유명한 전래 동화입니다. "콩쥐 팥쥐" 이야기와 비슷한 외국의 동화에는 어떤 게 있을까요?

바로 "신데렐라"가 있습니다. 차별하는 새엄마, 힘든 일이 생겼을 때 도와주는 동물들, 그리고 신발을 잃어버리는 내용이 비슷합니다. 그리고 결론도 유사합니다. 결국 마음씨 착한 콩쥐와 신데렐라가 어려움을 이겨 내고 행복하게 된다는 내용입니다.

이건 "콩쥐 팥쥐"가 "신데렐라" 이야기를 따라 한 게 아니라, 세계 어느 나라에서든 착한 마음을 갖고 열심히 노력하면 성공한다는 내용을 담고 있는 이야기가 많습니다. 우리 친구들도 지금 어렵고 힘든 일이 있더라도 열심히 공부하고 노력하면 결국 성공할 수 있을 겁니다. 그러니까 웃으면서 오늘도 힘내세요!

월 일

 이야기를 상상하며 써 보아요.

이것만 쓰고 잠깐 쉬어요.

*임자: 물건을 소유한 사람   *이방: 조선 시대에 지방 관아에서 일을 보던 사람

토끼의 간

까마득히 먼 옛날, 남해에 용왕이 살고 있었습니다. 어느 날부터 용왕은 시름시름 앓기 시작했습니다.

남해에 사는 온갖 의원들이 용왕을 진찰해도 병이 생긴 원인을 알아내지 못했기 때문에 치료 약을 구하기란 더더욱 어려웠습니다.

용궁의 신하들이 멀리까지 수소문해 용하다고 소문이 난 의원 하나를 데리고 왔습니다.

의원은 용왕을 진찰하고서는 토끼의 간이 모든 병에 효과가 있는 뛰어난 약이라고 말해 주었습니다. 용왕은 신하들을 불러 토끼의 간을 구해 오라고 지시했습니다.

그러자 자라가 "저는 바다와 육지 어디든지 갈 수 있으니, 제가 가서 토끼의 간을 반드시 구해 오겠습니다." 하고 아뢰었습니다.

용궁을 떠난 자라는 육지에 도착해 토끼를 찾아다녔습니다. 드디어 토끼를 만난 자라는 "안녕하시오, 토 선생! 나는 용궁에서 온 자라요. 용왕님 곁에서 일을 맡아 하며 편히 사는 게 어떻겠소? 자, 나와 용궁으로 갑시다!" 하고 거짓말로 토끼를 꾀었습니다.

저기가 말로만 듣던 용궁이구나!

바른 자세로 써 보아요.

감정을 실어서 써 보아요.

동화 속 주인공이 되어 써 보아요.

토끼는 더 이상 맹수에게 쫓기지 않고 편히 살고 싶어 자라를 따라 용궁에 갔습니다. 하지만 용궁에 도착하자마자 토끼는 밧줄에 꽁꽁 묶였습니다.

용왕은 토끼에게, "내가 병이 심하여 용한 약을 찾고 있었다. 그런데 네 간이 내 병에 효과가 있다고 하더구나. 그러니 어서 네 간을 내놓아라!" 하고 외쳤습니다.

토끼는 몹시 놀랐지만 정신을 가다듬고 아뢰었습니다. "용왕님, 잠깐만 제 말을 들어 주시옵소서. 지금은 제가 간을 밖에 꺼내 두는 시기입니다. 거기다가 너도나도 제 간을 달라고 하여 아무도 모르는 곳에 간을 숨겨 두고 왔습니다. 용왕님께 제 간이 쓰인다면 더없는 영광이오니, 어서 가서 제 간을 가져오겠습니다."

토끼는 극진한 대접을 받은 다음, 자라와 함께 용궁을 떠나 육지에 도착했습니다.

토끼는 깔깔깔 웃으며 자라에게 말했습니다. "어리석은 자라야! 배 속에 있는 간을 어떻게 뗐다 붙였다 하니?"

자라는 멀리 도망가는 토끼를 쫓았지만 잡을 수가 없었습니다.

자라는 용궁으로 돌아갈 일이 걱정되어 꺼이꺼이 울었습니다. 그때, 도사가 나타나 자라에게 신비한 약을 건네주며 어서 용왕에게 돌아가라고 말해 주었습니다. 자라는 도사에게 고맙다고 인사한 뒤, 약초를 갖고 용궁으로 돌아갔습니다.

생각 다지기

이 이야기는 "토끼의 간" 또는 "별주부전"이라고 불리는 전래 동화입니다.
혹시 우리 친구들은 "하늘이 무너져도 솟아날 구멍이 있다."라는 속담을 알고 있나요? 이 속담의 뜻은 몹시 어려운 일을 당한 경우에도 헤쳐 나갈 길이 있다는 것입니다.
토끼는 별주부 자라의 말을 믿고, 용궁으로 가기 위해 바닷속으로 들어갔는데, 갑자기 용왕님이 자신의 간을 달라고 해서 깜짝 놀랐을 겁니다.
그래도 토끼는 최대한 침착하게 간을 빼 놓고 다닌다고 둘러댄 다음 육지로 돌아감으로써 목숨을 구하게 됩니다. 이처럼 아무리 힘들고 어려운 일이 있더라도, 정신을 차리고 어떻게 해결하면 좋을지 깊이 생각하며 실천하면 이겨 낼 수 있습니다. 우리 친구들도 어떤 문제가 생기면 쉽게 포기하거나 좌절하지 말고, 긍정적인 마음을 갖고 항상 고민하며 잘 해결해 나가길 바랍니다.

이야기를 상상하며 써 보아요.

이것만 쓰고 잠깐 쉬어요.

*맹수: 주로 육식을 하는 사나운 짐승. 사자나 범을 가리킨다.

팥죽 할머니와 호랑이

아주 먼 옛날, 산골짜기에 있는 자그마한 초가집에 한 할머니가 살았습니다. 할머니는 팥죽을 매우 좋아해서 밭이랑에 팥을 심고 있었습니다.

그런데 갑자기 집채만 한 호랑이가 할머니 앞에 나타나 할머니를 잡아먹으려고 하였습니다. 날카로운 이빨을 드러내며 으르렁거리는 호랑이는 정말 무시무시했습니다.

할머니는 덜덜 떨면서 호랑이에게 싹싹 빌며 말했습니다. "지금 심고 있는 팥은 가을에 수확할 거란다. 그 팥으로 동짓날에 팥죽을 쑤어 줄 테니, 팥죽을 먹고 나서 그때 나를 잡아먹으렴."

호랑이는 할머니의 말대로 하기로 약속했습니다. 할머니는 여름에 가꾼 팥을 가을에 거두어들였습니다. 동짓날이 되자, 할머니는 솥단지 가득 팥죽을 쑤었습니다. '오늘 밤 호랑이에게 잡아먹히겠구나.' 하는 생각에 할머니의 눈에는 눈물이 가득했습니다.

할머니가 울자, 자그마한 알밤이 데구루루 굴러와 할머니에게 왜 우는지 물었습니다. 할머니가 이유를 말하자, 알밤이 "팥죽 한 그릇만 주시면 호랑이가 할머니 근처에 얼씬도 못 하게 혼내 줄게요." 하고 말했습니다.

할머니는 알밤에게 팥죽 한 그릇을 주었습니다.

너를 잡아먹을 테다!

팥이 다 자랄 때까지 기다려 주면 팥죽을 쑤어 주마.

바른 자세로 써 보아요.

감정을 실어서 써 보아요.

동화 속 주인공이 되어 써 보아요.

*동짓날: 일 년 중 낮이 가장 짧고 밤이 가장 긴 날. 이날 병마를 쫓기 위해 팥을 집 안 이곳저곳에 뿌리고, 팥죽을 먹었다.

이윽고 자라, 개똥, 송곳, 돌절구, 절굿공이, 멍석, 지게도 다가와 할머니를 위로하며 팥죽한 그릇씩 얻어먹었습니다. 모두 호랑이를 크게 혼내 주기로 다짐하고, 제자리에 가서 호랑이가 오기를 조용히 기다렸습니다.

깜깜한 밤이 되자 팥죽도 먹고 할머니도 잡아먹을 생각에 잔뜩 신이 난 호랑이가 할머니 집으로 들어왔습니다.

호랑이가 할머니에게 말했습니다. "집 안이 어둡군." 그러자 할머니가 "호랑이야, 아궁이에서 불씨를 가져오면 등잔불을 켠 뒤 맛난 팥죽을 대접할게." 하고 말했습니다.

호랑이가 더듬더듬 부엌에 가서 아궁이를 살폈습니다.

아궁이에서 알밤이 툭 튀어나와 호랑이 얼굴을 때려 얼굴 털에 불씨가 붙었습니다. 호랑이가 물독에 급히 얼굴을 담그는데, 자라가 다가와 볼을 꽉 물었습니다. 놀란 호랑이가 몸을 일으키다 개똥에 미끄러져, 송곳에 푹 찔렸습니다.

돌절구와 절굿공이는 호랑이를 마구 때렸고, 멍석이 기절한 호랑이를 둘둘 말았습니다. 그러더니 지게가 호랑이를 짊어진 뒤 강에 재빨리 버렸습니다.

할머니는 자신의 목숨을 구해 준 이들에게 매우 고마워하며, 날마다 맛있고 뜨끈한 팥죽을 쑤어 대접했습니다.

생각 다지기

어려움에 처한 할머니와 할머니를 도와준 알밤, 자라, 개똥, 송곳, 돌절구, 절굿공이, 멍석, 지게는 제각각 사회에서 힘이 없는 약한 사람들을 빗댄 것으로 생각해 볼 수 있습니다. 또한, 할머니를 잡아먹으려는 호랑이는 힘없는 사람들을 괴롭히는 탐욕스럽고 힘 있는 사람들로 생각할 수 있습니다.

동짓날이 되어 호랑이가 찾아왔을 때 알밤, 자라, 개똥, 송곳, 돌절구, 절굿공이, 멍석, 지게는 모두 힘을 합해 호랑이를 크게 혼내 줍니다. 호랑이를 혼내 주는 것은 알밤이나 자라, 개똥 등 하나나 둘만 있어서는 절대 불가능한 일입니다. 서로 모두 모여 힘을 모아야 호랑이를 혼내 줄 수 있기 때문입니다.

우리 친구들은 이 이야기를 읽으면서 보잘것없고 하찮으며 힘이 없는 것이라도 서로 힘을 모으고 지혜를 모으면 어떠한 어려움과 괴로움도 해결해 낼 수 있다는 것을 깨달았을 것입니다.

이야기를 상상하며 써 보아요.

이것만 쓰고 잠깐 쉬어요.

*멍석: 짚으로 만든 큰 깔개(눕거나 앉을 곳에 까는 물건)

한석봉

1543년, 한석봉은 가난한 양반 집안에서 태어났습니다. 아버지를 일찍 여의었기에 어머니가 떡장사를 하여 번 돈으로 살았습니다. 그렇지만 가난한 살림 탓에 석봉은 서당에 가지 못했습니다.

석봉은 어려서부터 글씨 쓰기를 좋아했고, 글씨 쓰는 솜씨도 굉장히 뛰어났습니다. 하지만, 종이와 먹을 살 돈이 없었습니다.

석봉은 글씨를 쓰고 싶을 때면 돌이나 항아리 위에 물을 묻힌 붓으로 글씨 쓰는 연습을 했습니다. 마을 사람들은 석봉이 쓴 글씨를 보고 감탄했습니다.

그러자 어머니는 석봉에게, "글씨를 잘 쓴다는 칭찬을 받았다고 자만하지 마라. 사람은 늘 겸손해야 한다." 하고 일깨워 주었습니다.

또한, 어머니는 "공부와 글씨 쓰는 연습을 꾸준히 해야 실력이 녹슬지 않는단다. 늘 부지런히 공부하고 연습하도록 해라." 하고 석봉에게 말해 주었습니다.

석봉은 개성에 있는 어느 스승에게 학문을 배웠습니다. 그리고 절에 들어가 십 년간 공부를 하였습니다. 석봉이 절에서 공부를 한 지 삼 년쯤 되었을 때였습니다.

바른 자세로 써 보아요.

감정을 실어서 써 보아요.

동화 속 주인공이 되어 써 보아요.

***자만하다**: 자신이나 자신과 관련 있는 것을 스스로 자랑하며 뽐내다.

늘 고생하시는 어머니가 문득 떠오르자, 석봉은 어머니가 무척 그리웠습니다. 석봉은 잠시 공부를 멈추고 집으로 갔습니다.

석봉이 집에 들어서자마자, 어머니는 "절에서 열심히 공부하고 있어야 할 네가 집에는 어찌 왔느냐?" 하고 물었습니다. 석봉은 "어머니가 보고 싶어 집에 왔습니다." 하고 대답하였습니다.

어머니는 "네 실력이 많이 늘었는지 보자꾸나. 나는 떡을 썰 테니, 너는 글씨를 써 보아라." 하고 말했습니다.

호롱불이 꺼져 깜깜해진 방 안에는 어머니의 떡 써는 소리와 석봉이 한지에 붓으로 글자를 쓰는 소리만이 들렸습니다. 얼마 후 어머니는 호롱불을 밝혔습니다.

어머니가 썰어 놓은 떡은 일정한 두께로 가지런했지만, 석봉이 쓴 글씨는 삐뚤빼뚤했습니다. 어머니가 말했습니다. "네가 쓴 글씨를 보려무나. 아무래도 다시 돌아가 글씨 공부를 제대로 해야겠구나."

석봉은 자신을 깊이 반성하였습니다. 조용히 절로 돌아간 석봉은 열심히 공부하고 꾸준히 글씨 쓰는 연습을 하면서 약속한 햇수를 채웠습니다. 그 후, 한석봉은 조선 최고의 명필가가 되었습니다.

생각 다지기

조선 최고의 명필가인 한석봉의 본래 이름은 한호입니다. '석봉'은 한호의 호인데, 우리에게는 '한호' 보다는 '한석봉'으로 널리 알려져 있습니다. 한석봉은 어머니의 헌신적인 뒷바라지 속에 십 년간 절에 들어가 공부를 열심히 하고 글씨 쓰는 연습을 꾸준히 하였습니다. 1567년에 한석봉은 과거 시험 가운데 하나인 진사시에 합격하여 사자관이라는 벼슬자리에 앉게 됩니다. 사자관은 임금님이 내린 문서나 외교 문서를 맡아 관리하는 벼슬인데, 글씨를 잘 쓰는 한석봉에게는 참으로 잘 어울리는 벼슬자리였습니다. 사자관 업무에는 중국이나 일본에 가는 사절단에 끼어 수행하는 것도 있었는데, 그 때문에 한석봉의 글씨는 중국 명나라에서도 유명했습니다. 한석봉은 태어날 때부터 글씨를 잘 쓴 것이 아니라, 부지런히 노력하여 좋은 결과를 얻은 것입니다. 우리 친구들도 본인의 꿈과 목표를 이루기 위해 항상 열심히 노력하여 꼭 그 꿈을 이루기 바랍니다.

이야기를 상상하며 써 보아요.

이것만 쓰고 잠깐 쉬어요.

* **호롱불**: 호롱(사기나 유리 등으로 만든 작은 병으로, 불을 켜는 데에 쓰는 그릇)에 켠 불   * **명필가**: 글씨 잘 쓰기로 이름난 사람

해와 달이 된 오누이

　멀고 먼 옛날, 산속 작은 마을에 일찍이 아버지를 여읜 어린 오누이가 떡장수 어머니와 살고 있었습니다.

　어머니는 날마다 이웃 마을로 떡을 팔러 갔고, 오누이는 어머니가 장사를 끝마치고 밤늦게 집에 돌아올 때까지 어머니를 기다리며 집을 지켰습니다.

　어느 날, 어머니가 팔다 남은 떡을 가지고 집으로 가고 있었습니다.

　첫 번째 고개에서 호랑이가 나타나, "떡 하나 주면 안 잡아먹지." 하고 말했습니다. 어머니는 오들오들 떨면서 호랑이에게 떡을 하나 건넸습니다.

　이후 호랑이는 고개마다 나타나 어머니에게 떡을 달라고 말했습니다. 마지막 고개에서 호랑이에게 줄 떡이 없자, 호랑이는 어머니를 잡아먹었습니다. 여전히 배가 고팠던 호랑이는 어머니의 옷을 빼앗아 입고, 어린 오누이가 사는 집으로 갔습니다.

　호랑이가 어머니의 목소리를 흉내 내며 오누이에게 문을 열어 달라고 했습니다. 오빠는 어머니의 목소리가 이상하다며, 문틈으로 손을 보여 달라고 말했습니다. 문틈으로 쑥 들어온 손은 매우 크고 털이 북슬북슬했습니다.

"얘들아, 엄마가 왔으니 어서 문 열어라."

바른 자세로 써 보아요.

감정을 실어서 써 보아요.

동화 속 주인공이 되어 써 보아요.

이상하게 여긴 오누이는 문틈으로 호랑이 꼬리를 발견했습니다. 오누이는 뒷문으로 몰래 빠져나가 뒷마당에 있는 나무로 올라갔습니다.

오누이가 없어진 것을 알아챈 호랑이는 집 안 여기저기를 뒤졌습니다. 우물물에 비친 오누이의 모습을 본 호랑이는 마침내 나무 꼭대기에 있는 오누이를 발견했습니다.

호랑이가 오누이에게 나무에 어떻게 올라갔는지 물어보자, 오빠는 참기름을 바르고 올라왔다고 거짓말을 했습니다. 참기름을 바른 호랑이가 나무에서 자꾸 미끄러졌습니다.

어린 누이는 호랑이가 우스웠습니다. "도끼로 나무를 찍으면서 올라오면 되잖아!" 어린 누이의 말을 들은 호랑이가 순식간에 도끼질을 하며 나무로 올라왔습니다.

겁먹은 오누이가 하느님에게 살려 달라고 간절히 빌었습니다. 그러자 하늘에서 튼튼한 동아줄이 내려와, 오누이는 그 줄을 타고 하늘에 올라갔습니다.

호랑이도 하느님에게 동아줄을 내려 달라고 빌었습니다. 하늘에서 내려온 썩은 동아줄을 잡고 오르던 호랑이는 줄이 끊어져 땅에 떨어져 죽었습니다. 호랑이가 흘린 피로 수수밭의 수수는 붉게 변했습니다.

하늘에 올라간 오누이는 밤을 무서워하는 누이가 해가 되고, 오빠가 달이 되어 밤낮으로 온 세상을 비추었습니다.

생각 다지기

이 전래 동화는 "해님 달님"으로도 불립니다. 이 이야기와 비슷한 동화는 다른 나라에도 많이 있다고 합니다. 유럽에서는 이리와 염소 사이의 갈등으로 나타냈고, 일본에서는 나쁜 존재를 호랑이가 아니라 악마로 그렸으며, 아이들은 하늘에 올라가서 별이 되었다고 합니다. 중국의 이야기에서는 늑대가 아이들을 따라 하늘을 오르다 떨어진 곳에서 배추가 나왔고, 아이들은 그 배추를 팔아서 부자가 되었다고 합니다.

이처럼 나라마다 구체적인 내용은 조금씩 다르지만, 결국 힘들고 어려운 위기 상황에서도 정신을 바짝 차리고 지혜롭게 극복하는 것이 중요하다는 것을 가르쳐 줍니다. 그렇게 하기 위해 평소 책을 많이 읽어 지혜로운 사람이 될 수 있도록 노력하는 친구들이 됩시다. 또한 형제, 자매 사이에서 사이좋게 지내는 것도 중요합니다.

이야기를 상상하며 써 보아요.

이것만 쓰고 잠깐 쉬어요.

*동아줄: 굵고 튼튼하게 꼰 줄

호랑이와 곶감

아득히 먼 옛날, 어둑한 밤에 호랑이 한 마리가 먹잇감을 찾아 깊은 산속에서 마을로 내려왔습니다. 호랑이는 어슬렁어슬렁 마을을 돌아다녔지만, 사방을 둘러보아도 사람은커녕 개미 한 마리조차 얼씬거리지 않았습니다.

배가 몹시 고팠던 호랑이는 '거리에 사람이 없네. 담을 넘어 방문을 부수고 들어가 사람을 잡아먹을까?' 하고 생각했습니다.

호랑이는 이 집 저 집 둘레둘레 돌아다니다, 멀리 불이 켜진 집을 발견했습니다. 호랑이가 담을 넘어 불이 켜진 방에 가까이 다가갔습니다.

아이 울음소리가 들리고, 곧이어 아이를 달래는 어머니의 목소리가 들렸습니다. "얘야, 네가 계속 울어 대니, 밖에 집채만 한 호랑이가 와 있잖니."

호랑이는 놀랐습니다. 지금 자기가 문밖에 있는 걸 어머니가 어떻게 알고 말하는지 참으로 신기했습니다.

어머니는 또 말했습니다. "얘야, 호랑이는 정말 무섭단다. 호랑이가 희번덕거리는 눈과 무시무시한 이빨을 드러내며 다가오면 사람들은 꼼짝도 못 하지. 그러니까 울음을 멈춰라." 호랑이는 어머니가 하는 말에 흐뭇했습니다.

바른 자세로 써 보아요.

감정을 실어서 써 보아요.

동화 속 주인공이 되어 써 보아요.

*둘레둘레: 사방을 이리저리 살피는 모양   *희번덕거리다: 눈을 크게 뜨고 흰자위를 자꾸 번득이며 움직이다.

하지만 아이는 울음을 그치지 않았습니다. 어머니는 화가 잔뜩 나서 "그렇게 자꾸 울면 호랑이를 부를 거야!" 하고 말했습니다. 호랑이는 어머니가 어서 자신을 방 안으로 불러 주기를 바랐습니다.

그런데 아이는 더 크게 울었습니다. 어머니가 "얘야, 여기 곶감이다, 곶감. 이제 그만 울어라." 하고 말하자, 아이는 울음을 뚝 그쳤습니다.

'내 이름을 말해도 계속 울던 아이가 곶감이 얼마나 무서우면 울음을 멈춘 거지?' 호랑이는 자기보다 세 보이는 곶감 때문에 무척 당황했습니다.

그때 호랑이 등에 무언가가 올라탔습니다. 호랑이는 무서운 곶감이 자기 등에 탄 것으로 착각했습니다. 그렇지만 호랑이의 등에 탄 것은 소도둑이었습니다.

소도둑도 자기가 탄 동물이 소가 아닌 호랑이인 것을 알자 소스라치게 놀랐습니다. 소도둑은 호랑이 등에서 떨어지지 않으려고 털가죽을 꽉 붙잡았습니다. 그럴수록 호랑이는 두려워 더욱더 빨리 내달렸습니다.

다행히 소도둑은 두꺼운 나뭇가지에 매달려 호랑이 등에서 벗어났습니다. 호랑이도 곶감이 떨어져 나간 것을 알고 크게 기뻐하면서 깊은 산속으로 도망쳤습니다.

생각 다지기

아이는 무서운 호랑이가 집 밖에 있다는 말보다 여기에 곶감이 있다는 말에 왜 울음을 그쳤을까요? 호랑이는 왜 곶감을 무서워할까요?
우리 친구들이 책을 읽을 때에는 항상 '왜 그럴까?' 생각해 보는 것이 좋습니다. 그리고 이야기의 결론이 어떻게 될지 상상해 보는 것도 바람직합니다. 또는 내가 책을 쓰는 작가라면 결론을 어떻게 바꾸면 더 재밌을지 생각해 보는 것도 도움이 됩니다. 이처럼 책을 읽을 때 글의 내용을 단순하게 따라서 읽는 것보다 좀 더 적극적으로 책의 내용이 왜 그럴지 생각해 보고, 내가 작가라면 어떻게 결론을 내릴지, 그 이후 어떤 일이 벌어질지 등을 상상해 보면 더 즐겁고 재미있게 책을 읽을 수 있습니다. 그리고 실제 우리 친구들이 간단한 동화를 직접 써 봐도 좋습니다. 너무 어렵게 생각하지 말고, 도전해 보세요. 할 수 있습니다!

이야기를 상상하며 써 보아요.

이것만 쓰고 잠깐 쉬어요.

혹부리 영감

멀고 먼 옛날, 얼굴에 큰 혹이 달린 착한 혹부리 영감이 있었습니다.

산에 나무를 하러 간 혹부리 영감은 날이 저물자 빈집에 들어갔습니다. 혹부리 영감은 무서움을 떨치고 시간도 보낼 겸 노래를 불렀습니다.

어디선가 도깨비들이 우르르 나타나자, 놀란 혹부리 영감은 살려 달라고 엎드려 빌었습니다. 도깨비들은 혹부리 영감의 노랫소리가 마음에 드니, 노래를 불러 달라고 청했습니다.

혹부리 영감은 도깨비들의 기분을 거스르지 않으려고 온 힘을 다해 노래를 불렀습니다. 도깨비들은 노래에 맞춰 덩실덩실 흥겹게 춤을 추며 놀았습니다.

도깨비들의 우두머리가 혹부리 영감에게 말했습니다. "영감, 노래를 잘 부르는군! 그 좋은 노랫소리가 어디에서 나오는 거지? 혹시 영감의 볼에 달린 혹이 노래 주머니여서 그 안에서 노랫소리가 나오는 거야?"

그 말에 혹부리 영감이 손사래를 쳤습니다.

하지만 도깨비들은 혹이 노래 주머니가 틀림없다고 생각하여, 혹을 달라고 졸랐습니다. 결국 혹부리 영감은 도깨비들이 혹을 떼어 가도록 허락하고, 대신에 금은보화가 가득 들어 있는 자루를 받았습니다.

랄라 랄라

그 혹이 노래 주머니인 것 같으니 떼어 주시오.

월 일

바른 자세로 써 보아요.

감정을 실어서 써 보아요.

동화 속 주인공이 되어 써 보아요.

* **손사래(를) 치다**: 거절하거나 인정하지 않으려고 손을 펴서 허공을 휘젓다.   * **금은보화**: 금, 은, 옥, 진주 따위의 매우 귀중한 물건

한편 건넛마을에 사는 욕심 많은 혹부리 영감이 이 소문을 전해 들었습니다. 혹부리 영감은 도깨비들에게 자신의 혹을 주고, 대신에 많은 금은보화를 받고 싶었습니다.

혹부리 영감은 그날 바로, 산으로 올라가 도깨비가 나타났다는 빈집을 찾아갔습니다. 혹부리 영감은 도깨비들을 기다리며 노래를 불렀습니다.

아니나 다를까, 도깨비들이 나타나 욕심 많은 혹부리 영감의 노래에 맞춰 춤을 추며 한바탕 신나게 놀았습니다.

혹부리 영감이 도깨비들에게 말했습니다. "이 혹에서 신나는 노랫소리가 나오니, 혹을 가져가고 금은보화를 주십시오." 도깨비들은 눈을 부릅뜨며, "우리가 한 번 속지, 두 번 속을 줄 아느냐? 어떤 영감의 혹이 노래 주머니인 줄 알고 가져갔는데, 아무것도 아니었지." 하고 화를 냈습니다.

하지만 혹부리 영감은 "내 혹은 진짜 노래 주머니요!" 하고 외쳤습니다. 도깨비들은 "그렇게 혹을 좋아하면 네게 하나 더 주지."라고 말하며, 혹이 없던 볼에 혹을 새로 붙여 주었습니다.

이로써 욕심 많은 혹부리 영감은 양쪽 볼에 혹을 하나씩 갖게 되었습니다.

생각 다지기

착한 혹부리 영감은 산에서 날이 저물자 빈집에 들어갑니다. 그때 도깨비들이 나타나서 노래를 계속 부르라고 시킵니다. 혹부리 영감은 기절초풍하지만, 도깨비들의 요구를 들어줍니다. 그러자 혹부리 영감의 얼굴에 있던 혹이 사라지고, 금은보화가 가득 들어 있는 자루를 선물로 받습니다. 아무래도 혹부리 영감이 착한 일을 많이 해서 복을 받았나 봅니다. 하지만, 심술궂고 욕심이 많은 혹부리 영감은 도깨비들에게 혹이 노래 주머니라고 거짓말을 하다가 오히려 얼굴에 혹을 하나 더 갖게 됩니다. 이때부터 욕심을 너무 부려 잘못되면, "혹 떼러 갔다 혹 붙여 온다."라는 말이 생겼습니다. 이 이야기를 통해 우리 친구들은 쓸데없는 욕심을 부리지 말고, 거짓말을 하지 않으며, 정직하고 착하게 살면 화를 당하지 않고 복을 받을 수 있음을 느낄 수 있을 거예요.

마지막으로 우리 친구들은 책을 읽을 때 책 속 등장인물이 '만약 나라면?' 그리고 '이때 어떻게 했을지?' 생각해 보는 것도 좋습니다. 그러면 책을 좀 더 재미있고 즐겁고 풍성하게 읽을 수 있습니다.

이야기를 상상하며 써 보아요.

이것만 쓰고 잠깐 쉬어요.

*아니나 다를까: 짐작하거나 예상한 바대로

홍길동전

조선 시대에 홍문이라는 이름을 가진 재상이 한양에 살고 있었습니다.

높은 벼슬과 넉넉한 재산을 가진 그에게는 아들이 둘 있었습니다. 정실부인 유씨가 낳은 인형과 몸종인 춘섬이 낳은 길동이었습니다.

길동은 어려서부터 총명하고 재주가 무척 뛰어나, 주위에서는 큰 인물이 될 거라고 기대가 컸습니다. 홍 대감도 길동을 귀여워하고 기특하게 여겼습니다. 하지만, 길동은 칭찬을 받아도 귀에 잘 들어오지 않았습니다.

왜냐하면, 조선 시대에는 아버지가 양반이어도 어머니가 종이면 양반과 종 사이에서 태어난 아이들이 양반인 아버지를 '아버지'라고 부르지 못했기 때문입니다.

그래서 길동이가 홍 대감에게 아버지라고 부르거나 인형에게 형이라고 부르면 몹시 꾸지람을 들었습니다.

어머니가 종인 길동은 학문이 뛰어나도 벼슬자리에 오를 수 없었습니다. 그래서 길동은 무예를 익혀 장수가 되어 나라에 큰 공을 세움으로써 자신의 이름을 널리 알려야겠다고 결심했습니다.

길동은 그날부터 검을 가지고 싸우는 기술을 열심히 익혔습니다.

왜 아버지를 아버지라고 부르면 안 되나요?

바른 자세로 써 보아요.

감정을 실어서 써 보아요.

동화 속 주인공이 되어 써 보아요.

*재상: 임금을 돕고 나랏일을 하는 모든 사람을 지휘하고 감독하는 일을 맡아보던 벼슬 또는 벼슬아치
*정실부인: 정식으로 결혼한 남의 아내를 높여 이르는 말   *종: 예전에, 남의 집에 딸려 천한 일을 하던 사람

홍 대감에게는 초란이라는 첩이 있었습니다. 초란은 길동과 길동의 어머니를 눈엣가시로 여겼기에, 길동을 죽이려고 자객을 보냈습니다.

그렇지만, 길동이 자객을 무찌르는 바람에 초란은 일을 꾸민 게 들통이 나서 나중에 홍 대감 집에서 쫓겨나게 됩니다.

길동은 홍 대감에게 가서, "집안에 저를 죽이려던 사람이 있었습니다. 이번에는 목숨을 구했지만, 이제는 집을 떠나려고 합니다. 안녕히 계십시오." 하며 눈물을 흘렸습니다.

그러자 홍 대감은 길동이 가엾고 불쌍하게 여겨져, "나도 네가 느끼는 아픔과 슬픔을 헤아릴 수 있으니, 오늘부터는 나를 아버지라 부르고, 네 형을 형이라 부르도록 해라." 하고 말해 주었습니다.

길동은 "아버지께서 제 한을 풀어 주셔서 정말 감사합니다. 만수무강하옵소서."라고 말한 다음 절을 올렸습니다. 길동은 어머니에게도 작별 인사를 드린 뒤 집을 떠났습니다.

이후에 길동은 '활빈당'을 만들어 백성의 재산을 빼앗는 양반과 관리들을 혼내 주었습니다. 또한, 가난한 백성에게는 먹을 것과 재물을 나눠 주는 등 백성을 도왔습니다.

생각 다지기

조선 시대는 신분제 사회였습니다. 지금은 누구나 법 앞에 평등하지만, 예전에는 신분에 따라 태어날 때부터 권리와 의무에서 차별을 받았습니다. 조금 어렵죠? 예를 들어, 만약 우리 부모님이 양반이면 태어나는 자식도 양반이고, 부모님이 노비이면 그 자식도 노비가 됩니다. 지금 생각하면 말도 안 되는 일이지만, 조선 시대에는 이렇게 사람마다 신분이 정해져 있었어요.

홍길동 역시 아빠는 양반이지만 엄마의 신분이 낮았습니다. 그래도 홍길동은 한없이 좌절하거나 슬퍼하지 않고, 열심히 무술 연습을 하고 부지런히 공부도 했습니다. 나중에는 전국을 돌아다니며 못된 양반들의 재물을 빼앗아 가난한 백성들에게 나눠 주고, 굶주린 사람들을 돕는 등 여러 좋은 일을 많이 합니다.

우리 친구들도 지금 당장 힘들고 어려운 일이 있더라도 참고 이겨낼 수 있도록 노력해 보세요. 분명 좋은 일이 생길 것입니다.

월 일

 이야기를 상상하며 써 보아요.

이것만 쓰고 잠깐 쉬어요.

*눈엣가시: 몹시 밉거나 싫어 늘 눈에 거슬리는 사람　*자객: 사람을 몰래 죽이는 일을 전문으로 하는 사람
*만수무강: 아무런 탈 없이 아주 오래 삶

문해력이 성장하는 참 쉬운 따라 쓰기 - 한국 고전 문학 편　143

흥부와 놀부

까마득한 옛날에, 흥부와 놀부라는 한 형제가 있었습니다. 동생 흥부는 마음씨가 착한 반면에, 형 놀부는 심술궂고 남에게 못된 짓만 했습니다.

부모님이 돌아가신 뒤 놀부는 재산을 모두 독차지하고, 흥부 가족을 집에서 내쫓았습니다.

가난하게 살던 흥부는 양식이 다 떨어지자, 놀부를 찾아가 먹을 것을 달라고 청했습니다. 하지만, 흥부는 심술궂은 놀부에게 흠씬 두들겨 맞았습니다. 거기다가 밥을 짓던 형수에게 흥부가 밥을 조금만 달라고 말했다가 밥풀이 묻은 주걱으로 뺨을 맞기도 했습니다.

어느덧 봄이 무르익었습니다. 흥부네 집에 제비가 집을 짓고 알을 낳았습니다.

하루는 구렁이가 제비집으로 달려들어 새끼 제비들을 잡아먹는데, 이를 본 흥부가 급히 구렁이를 내쫓았습니다. 그러고 나서 흥부는 제비집 밖으로 피하다가 다리를 다친 새끼 제비 한 마리를 구해 주었습니다.

흥부가 말했습니다. "제비야, 많이 놀랐겠구나. 내가 얼른 치료해 주마."

이듬해 봄, 새끼 제비는 흥부에게 박씨 하나를 물어다 주었습니다. 흥부는 새끼 제비에게 고마워했습니다. 얼마 후 박이 열리자 흥부 부부는 박을 모두 따서 톱질을 하였습니다.

세상에! 제비가 금은보화가 가득 든 박씨를 물어다 주었구나.

네 이놈 흥부야! 그것이 다 어디서 난 게냐?

바른 자세로 써 보아요.

감정을 실어서 써 보아요.

동화 속 주인공이 되어 써 보아요.

*형수: 형의 아내. 여기에서는 놀부 부인을 말한다.   *이듬해: 바로 다음의 해

박을 가르자 귀한 약, 호화로운 살림살이, 금은보화가 나오는 함, 곡식, 돈, 흥부 가족을 보살필 종들이 수없이 나왔습니다.

목수들도 나와 기와집을 지어 주었습니다. 흥부 가족은 부자가 되었습니다.

이 소문을 듣고 심술이 가득 난 놀부는 흥부에게 가서 어찌 된 일인지 물어보았습니다.

그해 봄, 놀부네 집에도 제비가 집을 짓고 알을 낳았습니다. 못된 놀부가 뱀을 흉내 내어 새끼 제비의 다리를 툭 부러뜨렸습니다. "제비, 네 이놈! 내가 기꺼이 너를 치료해 줄 터이니, 금은보화가 가득 들어 있는 박씨를 물어다 주어라!"

이듬해 새끼 제비가 박씨를 물어다 주었습니다. 놀부는 기뻐하며 박씨를 심었습니다. 박이 익자 놀부도 박을 갈랐습니다.

하지만, 가르는 박마다 놀부의 돈과 재산을 빼앗고 놀부를 때리는 사람들만 계속 나왔습니다. 심지어 마지막 박에서는 어마어마한 양의 똥이 나와 놀부가 사는 집을 덮쳤습니다.

놀부 가족을 안타깝게 여긴 흥부는 놀부에게 집을 지어 주고, 옷과 양식도 풍족하게 내어 주었습니다. 놀부는 아낌없이 베푸는 흥부의 모습을 보고, 제 잘못을 뉘우치고 흥부에게 용서를 빌었습니다.

생각 다지기

우리 친구들은 "흥부와 놀부" 이야기를 알고 있나요?

욕심 많은 놀부는 동생인 흥부를 도와주지 않고, 괴롭혔답니다. 하지만 흥부는 그런 형을 원망하거나 미워하지 않았어요. 오히려 제비를 구해 주어 부자가 된 이야기를 자세하게 알려 줍니다. 놀부가 망한 다음에는 형을 도와주며 함께 행복하게 잘 살아갑니다.

우리 친구들도 형이나 오빠, 누나, 언니, 동생과 사이좋게 지내야 합니다. 왜냐하면 우리는 형제와 자매 그리고 남매이니까요. 평소 부모님의 말씀을 잘 듣고, 형제자매에게 어려운 일이 있거나 문제가 생기면 도와주세요. 그래야 내가 나중에 힘든 일이 있을 때 도움을 받을 수 있습니다.

세상은 혼자서는 살아갈 수 없습니다.

항상 착한 마음으로 다른 사람을 돕고 함께 나누는 친구들이 되기를 바랍니다.

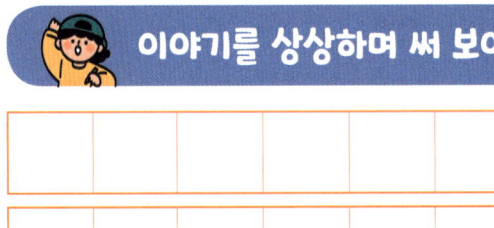

이야기를 상상하며 써 보아요.

이것만 쓰고 잠깐 쉬어요.

*함: 옷이나 물건을 넣을 수 있도록 네모지게 만든 통

좋은 책을 만드는 길
독자님과 **함께**하겠습니다.

문해력이 성장하는 참 쉬운 따라 쓰기 - 한국 고전 문학 편

초 판 2 쇄 발행	2023년 09월 15일 (인쇄 2023년 05월 23일)
초 판 발 행	2023년 02월 20일 (인쇄 2023년 01월 26일)
발 행 인	박영일
책 임 편 집	이해욱
지 은 이	해피이선생(이상학)
편 집 진 행	윤진영·최 영
표지디자인	권은경
편집디자인	권은경
그 린 이	전성연
발 행 처	시대인
공 급 처	(주)시대고시기획
출 판 등 록	제10-1521호
주 소	서울시 마포구 큰우물로 75 [도화동 538 성지 B/D] 9F
전 화	1600-3600
팩 스	02-701-8823
홈 페 이 지	www.sdedu.co.kr
I S B N	979-11-383-4426-5(73700)
정 가	12,000원

※ 이 책은 저작권법의 보호를 받는 저작물이므로 동영상 제작 및 무단전재와 배포를 금합니다.
※ 잘못된 책은 구입하신 서점에서 바꾸어 드립니다.